# *Peace of Mind*
# BIBLE
# WORD SEARCH

## LOVE OF JESUS

# *Peace of Mind*
# BIBLE
# WORD SEARCH

## LOVE OF JESUS

### LINDA PETERS

Good Books
New York, New York

Good Books books may be purchased in bulk at special discounts for sales promotion, corporate gifts, fund-raising, or educational purposes. Special editions can also be created to specifications. For details, contact the Special Sales Department, Good Books, 307 West 36th Street, 11th Floor, New York, NY 10018 or info@skyhorsepublishing.com.

Good Books is an imprint of Skyhorse Publishing, Inc.®, a Delaware corporation.

Visit our website at www.goodbooks.com.

10 9 8 7 6 5 4 3 2 1

Library of Congress Cataloging-in-Publication Data is available on file.

Cover design by Joanna Williams
Cover image used under license from Shutterstock.com

Skyhorse ISBN: 978-1-68099-800-9
Choice Edition ISBN: 978-1-68099-871-9

Printed in China

All scripture quotations are taken from the following sources:

# Isaiah 9:2

```
S G E G R E A T J
G S N L P E E D D
N D E I P Y D N Z
I L E N K O A K M
V E I N K L E J N
I S S G W R A P K
L O E B H A A W M
D H E T K T D D X
P T N D R X W L Q
```

*The <u>people</u> <u>walking</u> in <u>darkness</u>*
*have <u>seen</u> a <u>great</u> <u>light</u>;*
*on <u>those</u> <u>living</u> in the <u>land</u> of*
*<u>deep</u> darkness*
*a light has <u>dawned</u>.*

| PEOPLE | THOSE |
|---|---|
| WALKING | LIVING |
| DARKNESS | LAND |
| SEEN | DEEP |
| GREAT | DAWNED |
| LIGHT | |

# Isaiah 9:6

```
E T M I G H T Y S G B Z Y
R V N E V I G H O Q Z K N
E B E E T L O D V L C N R
H O D R M U Y E U O Z T T
T R J M L N C F U T S E R
A N T D D A R N L K W B N
F P E L E E S E C N I R P
Z R I P D E L T V S O N Z
S H B N L T D L I O Y Z D
C R O O W Q R G A N G Z D
J W R T R Y M Q W C G W M
```

*For a child is born to us,*
  *a son is given to us.*
*The government will rest on*
  *his shoulders.*
  *And he will be called:*
*Wonderful Counselor, Mighty God,*
  *Everlasting Father, Prince of Peace.*

CHILD          COUNSELOR
BORN           MIGHTY
SON            GOD
GIVEN          EVERLASTING
GOVERNMENT     FATHER
REST           PRINCE
SHOULDERS      PEACE
CALLED
WONDERFUL

# Isaiah 52:10

```
K R M N N E N S M Z X T
M K L X A Q Q H Y S J B
J Y Q R N K D A A L W P
J G T M K Y S L D Y O B
R H A M X N V L S A Q H
J L Y M O A T W M E R J
L R E I T S D N E V Y M
M E T I W E W E L R L E
S A O L O R D R Q R T D
N N B R P B X A G P L Q
B B N M V V D B M O T J
R J D D Q R G T K N D G
```

*The Lord hath made bare his holy arm in the eyes of all the nations; and all the ends of the earth shall see the salvation of our God.*

| | |
|---|---|
| LORD | NATIONS |
| MADE | ENDS |
| BARE | EARTH |
| HOLY | SHALL |
| ARM | SEE |
| EYES | SALVATION |
| ALL | GOD |

# Isaiah 54:10

```
T H O U G H R E Y S B G K M
M N Y T J G V D N N Z Y R J
C G D K L O N I M T Z Z B M
T O L Y L G A I Y M N B G G
W P V G B T X R L O S Y A S
L S V E N W J L I I R R J D
O K H U N K K S P D A M T L
R R O A J A S X E D Q F T T
D M L Y K A N V W H Q E N T
E Z V V P E O T I X Y L D U
C B W M N M N L Y J X K Y L
A G O J E B L N M Y Y L Y D
E C D R X S Z Z N J G N Z N
P N Y X N J T J B Q N R L J
```

"*Though the mountains be shaken
and the hills be removed,
yet my unfailing love for you will not
be shaken
nor my covenant of peace be removed,*"
*says the Lord, who has compassion
on you.*

| | |
|---|---|
| THOUGH | LOVE |
| MOUNTAINS | COVENANT |
| SHAKEN | PEACE |
| HILLS | SAYS |
| REMOVED | LORD |
| YET | COMPASSION |
| UNFAILING | |

# Psalm 86:15

```
F A I T H F U L N E S S
L N Y Q R R U G A D S R
T K K E Z F K B O U T M
U S G L I D O P O D T Z
B N A C T U N I E V O L
A W R F N M C D Y V T B
L E X D D A T R O K X D
M V I K R A W O U B N T
N N D G L O E L V B R X
G N T M L B M T R K T T
J D Y S L D Q N S T T L
```

*But you, O Lord, are a God merciful and gracious, slow to anger and abounding in steadfast love and faithfulness.*

| | |
|---|---|
| BUT | SLOW |
| YOU | ANGER |
| LORD | ABOUNDING |
| GOD | STEADFAST |
| MERCIFUL | LOVE |
| GRACIOUS | FAITHFULNESS |

# Zephaniah 3:17

```
R F Y Y G S A V I O R Y
L E Z T L L K T D N G Q
W A L Y A M I D L N K S
L R L G D Z M V O M O B
L S Q X N M M M I N Q D
M U M R E J A R G N E P
R M F R S M E S G L G D
B L I Y S J Y O I M R M
L E M G O T D G L O Q Z
D W V I H J H A L D G N
B J C O Z T C G J W D N
L E K V L B Y J Y D Q R
```

"For the _Lord_ your _God_ is _living_
_among_ you.
He is a _mighty_ savior.
He will take _delight_ in you with _gladness_.
With his _love_, he will _calm_ all your _fears_.
He will _rejoice_ over you with _joyful_
_songs_."

| | |
|---|---|
| LORD | GLADNESS |
| GOD | LOVE |
| LIVING | CALM |
| AMONG | FEARS |
| MIGHTY | REJOICE |
| SAVIOR | JOYFUL |
| DELIGHT | SONGS |

# Malachi 3:1

```
Y R B M Q D B D R A G R
L R E K Q Q E E L N L L
N T F N L S G M I P M L
E T O D I N I K G N J D
D N R R E G E J B W T Y
D A E S H E R A P E R P
U N S T S D L D M M N Y
S E Y P W Q N P R B Y L
M V Y B L A L E C O M E
N O T N X E Y G S Q L M
D C Y V Q V G V Q P G R
```

*"I will <u>send</u> my messenger, who will <u>prepare</u> the <u>way</u> <u>before</u> me. Then <u>suddenly</u> the <u>Lord</u> you are <u>seeking</u> will <u>come</u> to his <u>temple</u>; the <u>messenger</u> of the <u>covenant</u>, whom you <u>desire</u>, will come," says the Lord <u>Almighty</u>.*

SEND
PREPARE
WAY
BEFORE
SUDDENLY
LORD
SEEKING

COME
TEMPLE
MESSENGER
COVENANT
DESIRE
ALMIGHTY

# Matthew 5:43-45a

```
L N F A T H E R E Z
R N E N H V E T J C
G I X I O E U S H W
O A G L G C A I I E
O R Q H E H L V N R
D R Y S T D B E E E
Y A R P R E M O V N
R E N E L I O I R G
P U N J E L L U K T
S R Q S G T Y B S Z
```

"You have heard that it was said, 'Love your _neighbor_ and hate your enemy.' But I tell you, _love_ your _enemies_ and _pray_ for those who _persecute_ you, that you may be _children_ of your _Father_ in _heaven_. He causes his _sun_ to _rise_ on the _evil_ and the _good_, and sends _rain_ on the _righteous_ and the unrighteous."

NEIGHBOR
LOVE
ENEMIES
PRAY
PERSECUTE
CHILDREN
FATHER

HEAVEN
SUN
RISE
EVIL
GOOD
RAIN
RIGHTEOUS

# Matthew 8:3-4

```
C L E A N S E D F X Y
S N D Y Y X R O N L M
D T R E P S O E E A R
E M R J D R O T F J H
H T L E P N A R E F N
C M S G T I A S P O O
U S I E D C U M T E S
O F E E I S H H M H L
T W M S N R I E O O R
B M L P O N P W D N C
I L B Y G M Y Y Z Q Q
```

And _Jesus_ _stretched_ out his _hand_ and _touched_ him, saying, "I will; be clean." And _immediately_ his _leprosy_ was _cleansed_. And Jesus said to him, "See that you say _nothing_ to anyone, but go, _show_ yourself to the _priest_ and _offer_ the _gift_ that _Moses_ _commanded_, for a _proof_ to them."

| | |
|---|---|
| JESUS | SHOW |
| STRETCHED | PRIEST |
| HAND | OFFER |
| TOUCHED | GIFT |
| IMMEDIATELY | MOSES |
| LEPROSY | COMMANDED |
| CLEANSED | PROOF |
| NOTHING | |

# Matthew 9:1-2

```
G B G H E A R T D W
N C O N N G J E F S
I R I A I J B O O D
Y T J T T T R N E K
L L H O Y G T S M W
Y S V G I L S E F B
G E I V U O A A G C
R N E N R O I R I Y
Q N D C S T R T A Q
L L G R H N Y B J P
```

And _getting_ into a _boat_ he _crossed_ _over_
and came to his own _city_. And behold,
some people _brought_ to him a _paralytic_,
_lying_ on a _bed_. And when Jesus saw
their _faith_, he said to the paralytic, "Take
_heart_, my _son_; your _sins_ are _forgiven_."

| | |
|---|---|
| GETTING | LYING |
| BOAT | BED |
| CROSSED | FAITH |
| OVER | HEART |
| CITY | SON |
| BROUGHT | SINS |
| PARALYTIC | FORGIVEN |

# Matthew 9:20-22

```
T L Y V N B D N N F
W T U R N E D Z A X
E M O M E N T I G W
L P P S L K T N O Y
V H A G T H I M E N
E W E O D D A A L C
Y E U A E N R P L M
M C G E L S G O B M
H B L D M E A T W Z
N B Q W E K D W R B
```

*Just then a <u>woman</u> who had been subject to <u>bleeding</u> for <u>twelve</u> <u>years</u> came up behind him and touched the <u>edge</u> of his <u>cloak</u>. She said to herself, "If I only <u>touch</u> his cloak, I will be <u>healed</u>." Jesus <u>turned</u> and <u>saw</u> her. "Take heart, daughter," he said, "your <u>faith</u> has healed you." And the woman was healed at that <u>moment</u>.*

| | |
|---|---|
| WOMAN | TOUCH |
| BLEEDING | HEALED |
| TWELVE | TURNED |
| YEARS | SAW |
| EDGE | FAITH |
| CLOAK | MOMENT |

# Matthew 9:27-30a

```
S D I V A D Y W G D L J
D E E N H C L N N B L Z
C E Y H R T I D E G G J
R N W E C D I L D R O L
Y O M O R U I A D J T N
I S P O L E O J F B R N
N E C E V L E T L T D B
G C L E N S O I L Y L K
A J R B U E N F G R B P
R K V S A D D Y R M D W
```

And as _Jesus_ passed on from there, two _blind_ men _followed_ him, _crying_ aloud, "Have _mercy_ on us, _Son_ of _David_." When he entered the house, the blind men came to him, and Jesus said to them, "Do you _believe_ that I am _able_ to do this?" They said to him, "Yes, _Lord_." Then he _touched_ their _eyes_, saying, "_According_ to your _faith_ be it done to you." And their eyes were _opened_.

| | |
|---|---|
| JESUS | ABLE |
| BLIND | LORD |
| FOLLOWED | TOUCHED |
| CRYING | EYES |
| MERCY | ACCORDING |
| SON | FAITH |
| DAVID | OPENED |
| BELIEVE | |

# Matthew 9:35-36

```
K V K N E W S S Z C N L
D I I G T N H W O D H P
E L N P N E D M R E X L
L L G R E I P E L N I L
E A D P M A H P L L H D
V G O L S P L C L E S X
A E M S E E R N A U R N
R S I H S O E L S E K N
T O S S W S E E B X T R
N T T D S D J S N W O T
R M S D O O G Y L Q R M
```

*Jesus traveled through all the towns and villages of that area, teaching in the synagogues and announcing the Good News about the Kingdom. And he healed every kind of disease and illness. When he saw the crowds, he had compassion on them because they were confused and helpless, like sheep without a shepherd.*

JESUS
TRAVELED
TOWNS
VILLAGES
TEACHING
GOOD
NEWS
KINGDOM

HEALED
ILLNESS
CROWDS
COMPASSION
HELPLESS
SHEEP
SHEPHERD

# Matthew 11:5

```
D L D J D J D D D D T B
D Q A D M E S E N L P Y
Z E V M S B S I K B K L
F L M I E N L L G E J J
L A A I A B R H V H T Y
E R E E A O M I E D T B
P T L D O L E Q G A N Y
R C K P O C C N B D R Y
O W L L E O E O D A E D
S N A R R W G T R B X Q
Y W W Y S Q L N K P M R
```

*"The <u>blind</u> <u>receive</u> <u>sight</u>, the <u>lame</u> <u>walk</u>, those who have <u>leprosy</u> are <u>cleansed</u>, the <u>deaf</u> <u>hear</u>, the <u>dead</u> are <u>raised</u>, and the <u>good</u> <u>news</u> is <u>proclaimed</u> to the <u>poor</u>."*

BLIND
RECEIVE
SIGHT
LAME
WALK
LEPROSY
CLEANSED
DEAF

HEAR
DEAD
RAISED
GOOD
NEWS
PROCLAIMED
POOR

# Matthew 11:28-30

```
Y S T E K O Y L T D
V L A B O R E M O C
A U K L L A G D T N
E O E O R E Z R L T
H S W N N A I G Q
Y L J T E E G I R V
Y S L D H H V E Q X
R E A R T E S T Y D
G L Y E Y T N Q Z L
```

*"Come to me, all who labor and are heavy laden, and I will give you rest. Take my yoke upon you, and learn from me, for I am gentle and lowly in heart, and you will find rest for your souls. For my yoke is easy, and my burden is light."*

COME
LABOR
HEAVY
LADEN
GIVE
REST
TAKE
YOKE

LEARN
GENTLE
LOWLY
HEART
SOULS
EASY
LIGHT

# Matthew 14:13-14

```
C X R D V A K C I S M
Z O B E E T R T O O F
F S M R M O O D Z E N
O U A P W O E W N B Q
L S D D A P T O N B T
L E S E P S L E O S R
O J H E L A S A P P P
W Q T U M A T I Q Z X
E S L J G K E R O V B
D Q V J L E P H Q N W
```

As soon as _Jesus_ heard the news, he left in a _boat_ to a _remote_ _area_ to be _alone_. But the _crowds_ heard where he was headed and _followed_ on _foot_ from many _towns_. Jesus saw the _huge_ crowd as he _stepped_ from the boat, and he had _compassion_ on them and _healed_ their _sick_.

| | |
|---|---|
| JESUS | FOOT |
| BOAT | TOWNS |
| REMOTE | HUGE |
| AREA | STEPPED |
| ALONE | COMPASSION |
| CROWDS | HEALED |
| FOLLOWED | SICK |

# Matthew 15:32

```
C D P M Y E D G L B B
E O N E E R N A S J Z
S J M R O I G E Y Y B
P M H P H P L N D S B
A T Y T A P L A U D D
L Y O J I S E E E H B
L N A C E R S L W S J
O P S W L S L I E A T
C I B A A A U N O D Z
D Z Q Q C Z D S D N M
```

*Jesus called his disciples to him and said, "I have compassion for these people; they have already been with me three days and have nothing to eat. I do not want to send them away hungry, or they may collapse on the way."*

| | |
|---|---|
| JESUS | DAYS |
| CALLED | NOTHING |
| DISCIPLES | EAT |
| COMPASSION | SEND |
| PEOPLE | AWAY |
| ALREADY | HUNGRY |
| THREE | COLLAPSE |

# Matthew 18:12b–14

```
S S D E L T T I L D B J T
N E Z R S Z D P B B L B Z
I C N O E H U N D R E D L
A I L R E H T A F S E N O
T O P L H Y P M M H K Z L
N J Y E L E A E C L L I W
U E G E E F A R H G L Y Q
O R A M I H A V T S G V Y
M V O N D E S Q E S L D D
E R D L S T N P L N A K Y
E S G X L L J Y X J W X R
```

*"If a <u>shepherd</u> has a <u>hundred</u> <u>sheep</u>, and one of them has gone <u>astray</u>, does he not <u>leave</u> the ninety-nine on the <u>mountains</u> and go in <u>search</u> of the one that went astray? And if he <u>finds</u> it, truly I tell you, he <u>rejoices</u> over it <u>more</u> than over the ninety-nine that never went astray. So it is not the <u>will</u> of your <u>Father</u> in <u>heaven</u> that one of these <u>little</u> <u>ones</u> should be <u>lost</u>."*

SHEPHERD
HUNDRED
SHEEP
ASTRAY
LEAVE
MOUNTAINS
SEARCH
FINDS

REJOICES
MORE
WILL
FATHER
HEAVEN
LITTLE
ONES
LOST

# Matthew 19:14-15

```
R Y G L L Y Y M H M L N M
X D C G D J Y Y G E N Y K
K D H N Y Q X T R L A N Z
Q Y I Y Q M G M T T Y D J
B X L K I N G D O M D B S
E Q D H E A V E N E L B S
L X R S Y L Y K C E M T V
O X E V U P N A S H O O Y
N L N L D S L S A P L Y C
G I M Q P E N Y K D L J
S J Q K P D D J Y N Y Y G
D Q Y T E S N N Y B G D N
```

*But Jesus said, "Let the children come to me. Don't stop them! For the Kingdom of Heaven belongs to those who are like these children." And he placed his hands on their heads and blessed them before he left.*

| | |
|---|---|
| JESUS | BELONGS |
| CHILDREN | LIKE |
| COME | PLACED |
| STOP | HANDS |
| KINGDOM | HEADS |
| HEAVEN | BLESSED |

# Matthew 20:32-34

```
D E N I A G E R L N B T
D R N T J D J R O V Q X
R B F T O E E I B X P R
M R N O D U S V M Q T N
C A D Z L S C U O N N D
W A D E A L I H S M M J
L L L P N M O G E Y E S
R O M L M E J W H D R D
Q O R L E T P M E T N L
C R D D V D M O V D Z G
```

*Jesus stood still and called them, saying, "What do you want me to do for you?" They said to him, "Lord, let our eyes be opened." Moved with compassion, Jesus touched their eyes. Immediately they regained their sight and followed him.*

| | |
|---|---|
| JESUS | MOVED |
| CALLED | COMPASSION |
| WANT | TOUCHED |
| LORD | REGAINED |
| EYES | SIGHT |
| OPENED | FOLLOWED |

# Matthew 22:37-39

```
T S E T A E R G I N Z
C O M M A N D M E N T
J T U J T L P I B T B
E R S Q O O G R S N B
S A T V R H E R Z M J
U E E T B P I D I G Q
S H A O L F S N O T P
J N R I O A D O R G Q
T D E R R L B Z U X R
T D B J D L M J K L M
```

*Jesus* *replied*, "You *must* *love* the *Lord* your *God* with *all* your *heart*, all your *soul*, and all your *mind*. This is the *first* and *greatest* *commandment*. A second is equally *important*: 'Love your *neighbor* as yourself.'"

| | |
|---|---|
| JESUS | SOUL |
| REPLIED | MIND |
| MUST | FIRST |
| LOVE | GREATEST |
| LORD | COMMANDMENT |
| GOD | IMPORTANT |
| ALL | NEIGHBOR |
| HEART | |

# Matthew 26:26

```
S W B R O K E D N T
E Y H D A E R B T L
L G L I G D T T W G
P N O J L N L A R T
I I A R M E I Y K B
C S F Q P Y T T J E
S S Y Y R O T E A T
I E B D O E S J M E
D L W K O U T M Y B
N B D J S B J F R J
D Z M Q Q R J L A M
```

*While they were eating, Jesus took a loaf of bread, and after blessing it he broke it, gave it to the disciples, and said, "Take, eat; this is my body."*

| | |
|---|---|
| WHILE | AFTER |
| EATING | BLESSING |
| JESUS | BROKE |
| TOOK | DISCIPLES |
| LOAF | TAKE |
| BREAD | BODY |

# Matthew 26:27-28

```
Z F T Z L B M Y B N T X D
G M O P K T K R N W L B T
I G L R D N N Y B X M R W
V W Z Y G T I A K T M L L
I L L A O I T R N Y Y X X
N D M O R H V P D E N L B
G Y K M A D O E L G V J D
J D A N S U N G N B L O B
D N K M R I K G N E O M C
Y S K E N M N K D L S C X
G M D M R Y X S B R U S D
B R L B M G G Y G P L T Q
```

*Then he <u>took</u> a <u>cup</u>, and after <u>giving</u> <u>thanks</u> he gave it to them, saying, "<u>Drink</u> from it, <u>all</u> of you; for this is my <u>blood</u> of the <u>covenant</u>, which is <u>poured</u> out for <u>many</u> for the <u>forgiveness</u> of <u>sins</u>."*

TOOK
CUP
GIVING
THANKS
DRINK
ALL

BLOOD
COVENANT
POURED
MANY
FORGIVENESS
SINS

# Matthew 26:39

```
S G N I Y A R P G D N
M U L F Y E O G R R Z
B W F A A S C E N O D
M G W F S T H A P U C
D A R I E T H N F Z D
D E B O R R E E L M Z
M L W A U K I L R N J
E T F O A N I N K J N
M Q D T B W D V G P Q
```

He went on a little _farther_ and _bowed_ with his _face_ to the _ground_, _praying_, "My _Father_! If it is _possible_, let this _cup_ of _suffering_ be _taken_ _away_ from me. Yet I want your _will_ to be _done_, not mine."

| | |
|---|---|
| FARTHER | CUP |
| BOWED | SUFFERING |
| FACE | TAKEN |
| GROUND | AWAY |
| PRAYING | WILL |
| FATHER | DONE |
| POSSIBLE | |

# Mark 10:21

```
L S S Q T G L P T Z R Y
O H U H I L O R W N J Y
O O S V E S E O X R B Q
K W E S S A L E G P J D
I E J E S L V N R O O P
N D S U O O I E K L J J
G S R F L H O C N X T X
B E Y D T N A E M O C R
W Z M L E L T D M T T Z
```

*Looking* at him, *Jesus* *showed* *love* to him and said to him, "*One* *thing* you *lack*: go and *sell* all you *possess* and *give* to the *poor*, and you will have *treasure* in *heaven*; and *come*, *follow* Me."

LOOKING
JESUS
SHOWED
LOVE
ONE
THING
LACK
SELL

POSSESS
GIVE
POOR
TREASURE
HEAVEN
COME
FOLLOW

# Mark 12:32-34a

```
U N D E R S T A N D I N G
N Y L E S I W Q R S M B B
E R G W L Y L M A W B L N
I E R Q R M S C R I B E Z
G H O F F E R I N G S Q Z
H C T L K I O N E S E L F
B A Z G F I T J V L Z T Y
O E L I N N H E A R T D
R T C E R E T G P S L N L
P E V U N Y R J D D U V N
S O B M K G L T W O D S R
L G G M N D N P S B M P P
```

*And the <u>scribe</u> said to him, "You are right, <u>Teacher</u>. You have truly said that he is one, and there is no other besides him. And to <u>love</u> him with all the <u>heart</u> and with all the <u>understanding</u> and with all the <u>strength</u>, and to love one's <u>neighbor</u> as <u>oneself</u>, is much more than all whole <u>burnt</u> <u>offerings</u> and <u>sacrifices</u>." And when <u>Jesus</u> saw that he answered <u>wisely</u>, he said to him, "You are not far from the <u>kingdom</u> of God."*

SCRIBE
TEACHER
LOVE
HEART
UNDERSTANDING
STRENGTH
NEIGHBOR
ONESELF
BURNT
OFFERINGS
SACRIFICES

JESUS
WISELY
KINGDOM

# Luke 6:9-10

```
D S A L E V A S D
E P A S U K Z E K
R H K B K F S M M
O S C R B T W R D
T U G T R A A A H
S S L O E H T A L
E E Y I O R N H K
R J P D F D T G D
M Y N T J E K S J
```

Then Jesus said to them, "I ask you, is it lawful to do good or to do harm on the sabbath, to save life or to destroy it?" After looking around at all of them, he said to him, "Stretch out your hand." He did so, and his hand was restored.

| | |
|---|---|
| JESUS | SAVE |
| ASK | LIFE |
| LAWFUL | DESTROY |
| GOOD | STRETCH |
| HARM | HAND |
| SABBATH | RESTORED |

# Luke 6:27-28

```
C U R S E Y W Z J B N K
M D X V R Z H T B E V S
E S O H T D M A T R E N
M D Z J B D O S T I M T
L B D L J L I O M E R N
Z Z N W O L E E G U J P
M Q O I T V N S H Y R G
Y H T L N E E N S A Y W
W W G L Y B B D Y B R Z
W Y D I V T P L L L N S
Z D G N D Z J P J N A L
P G N G W J N X T Y W M
```

*"But to you <u>who</u> are <u>willing</u> to <u>listen</u>, I say, <u>love</u> your <u>enemies</u>! Do <u>good</u> to <u>those</u> who <u>hate</u> you. <u>Bless</u> those who <u>curse</u> you. <u>Pray</u> for those who <u>hurt</u> you."*

| | |
|---|---|
| WHO | THOSE |
| WILLING | HATE |
| LISTEN | BLESS |
| SAY | CURSE |
| LOVE | PRAY |
| ENEMIES | HURT |
| GOOD | |

# Luke 6:29-31

```
R B D T X L Y V L B B N
G D L J R G B E B Y N R
G O P J Y I N M K N M G
E G O D L O H H T I W Q
L V D D Y M S S M T Z L
K N I R S T S R E H T O
Y E E G R R A A J T J W
S V E I K E C K W B M T
E G K H D F O J E A D X
Y E E R C F A M M S Y X
S M B B Z O T Y Y B D R
```

*"If anyone strikes you on the cheek, offer the other also; and from anyone who takes away your coat do not withhold even your shirt. Give to everyone who begs from you; and if anyone takes away your goods, do not ask for them again. Do to others as you would have them do to you."*

STRIKES

CHEEK

OFFER

TAKES

AWAY

COAT

WITHHOLD

SHIRT

GIVE

EVERYONE

BEGS

GOODS

OTHERS

# Luke 6:35

```
U A R M N V K L E E Q L N
N N E Z R C D N X W D G L
G Y W W A N E P I H G I H
R T A B I M E T D D M B W
A H R K I C H I L D R E N
T I D E T O K G R E A T J
E N S I U G L E M L O V E
F G N T P E O O D L N N V
U G B M N R S O D B Q Y M
L K N D R T Q Y D L D Y Y
```

But *love* your *enemies*, do *good* to them, and *lend* to them *without* *expecting* to get *anything* *back*. Then your *reward* will be *great*, and you will be *children* of the *Most* *High*, because he is *kind* to the *ungrateful* and *wicked*.

| | |
|---|---|
| LOVE | REWARD |
| ENEMIES | GREAT |
| GOOD | CHILDREN |
| LEND | MOST |
| WITHOUT | HIGH |
| EXPECTING | KIND |
| ANYTHING | UNGRATEFUL |
| BACK | WICKED |

# Luke 7:12-13

```
L P K N M D M D B X R N
W D N D W R W K R Z D X
D E H C A O R P P A W W
J I T G R L T M L B D Y
W R M C A P R A R H B Z
O R R O E T R D E A D X
D A W R T G E A N W Z L
I C S S E H R K E Y R C
W O A Q M T E N N Y Z V
N W N Z Y M T R V M V R
```

As he *approached* the *town* *gate*, a *dead* *person* was being *carried* out—the only son of his *mother*, and she was a *widow*. And a *large* *crowd* from the town was with her. When the *Lord* *saw* her, his *heart* *went* out to her and he said, "Don't *cry*."

| | |
|---|---|
| APPROACHED | LARGE |
| TOWN | CROWD |
| GATE | LORD |
| DEAD | SAW |
| PERSON | HEART |
| CARRIED | WENT |
| MOTHER | CRY |
| WIDOW | |

# Luke 7:46-48

```
T O N E V I G R O F J
S I A N O I N T E E F
N N E D M D Z Y V N B
I T T L A A L Y P G Y
S M E E T O N H B D R
J E H L V T C Y L K J
M N T E L U I I Y B X
Z T D B M J O L V R Y
```

"You did not *anoint* my *head* with *oil*, but she has anointed my *feet* with *ointment*. Therefore I *tell* you, her *sins*, which are *many*, are *forgiven*—for she *loved much*. But he who is forgiven *little*, loves little." And he said to her, "Your sins are forgiven."

| | |
|---|---|
| ANOINT | SINS |
| HEAD | MANY |
| OIL | FORGIVEN |
| FEET | LOVED |
| OINTMENT | MUCH |
| TELL | LITTLE |

# Luke 10:26-27

```
Y D A L L Q W J P Q
O N N R A R D H J A
U I R E W M T T N P
R M D S I G P S G W
S T O A N G W G R T
E U R E E E H I Q Y
L L R A R R T B D G
F T O E E T M R O Y
S B D V E H O D Q R
M Y R N E L K N L T
```

He said to him, "What is _written_ in the _Law_? How do you _read_ it?" And he _answered_, "You shall _love_ the _Lord_ your _God_ with _all_ your _heart_ and with all your _soul_ and with all your _strength_ and with all your _mind_, and your _neighbor_ as _yourself_."

WRITTEN
LAW
READ
ANSWERED
LOVE
LORD
GOD

ALL
HEART
SOUL
STRENGTH
MIND
NEIGHBOR
YOURSELF

# Luke 10:36-37

```
L D E W O H S R B B
I M B T A J E S U S
K R R N M M R Y W R
E T D L N E G M O Z
W S N X B T R B A W
I J Q B H K H C H N
S D O R L G N I Y M
E R E Y I T C I L P
L E T E Y H V W H Z
J X N Q R R Y P R T
```

*"Which of these three, do you think, was a neighbor to the man who fell into the hands of the robbers?"* He said, *"The one who showed him mercy."* Jesus said to him, *"Go and do likewise."*

| | |
|---|---|
| WHICH | ROBBERS |
| THREE | SHOWED |
| THINK | MERCY |
| NEIGHBOR | JESUS |
| MAN | LIKEWISE |
| HANDS | |

# Luke 11:42

```
P K E O U G H T R
H B Y C O T D K B
A R T D I Y Y T B
R T W O E T C L T
I B I R T E S Q B
S R P T L N E U L
E E E G H N I O J
E H E U O E V M X
S N B D R E R K R
```

*"But <u>woe</u> to you <u>Pharisees</u>! For you <u>tithe</u> <u>mint</u> and <u>rue</u> and every <u>herb</u>, and <u>neglect</u> <u>justice</u> and the <u>love</u> of <u>God</u>. These you <u>ought</u> to have <u>done</u>, without neglecting the others."*

| | |
|---|---|
| WOE | NEGLECT |
| PHARISEES | JUSTICE |
| TITHE | LOVE |
| MINT | GOD |
| RUE | OUGHT |
| HERB | DONE |

Love of Jesus

# Luke 11:46

```
S L G P J E S U S
N P L E H L X F E
E W Y O K P I O N
D X Y P Y N W W N
R W P L G R O Y L
U D A E D D R I N
B A R L R R F A N
W O Z V D T A R C
T L G K M W S H R
```

*Jesus replied, "And you experts in the law, woe to you, because you load people down with burdens they can hardly carry, and you yourselves will not lift one finger to help them."*

| | |
|---|---|
| JESUS | BURDENS |
| EXPERTS | HARDLY |
| LAW | CARRY |
| WOE | LIFT |
| LOAD | FINGER |
| PEOPLE | HELP |
| DOWN | |

```
S R Y S E M A S S
T E S Y I L Y U W
N T N T T N O O Y
E U N O R E N S J
P R Y E T A N E T
E N E H V H Y I R
R S G R Y A E E N
V I Y O O A E R D
R N L L D M W H S
```

*"In the <u>same</u> <u>way</u>, there is <u>more</u> <u>joy</u> in <u>heaven</u> over one <u>lost</u> <u>sinner</u> who <u>repents</u> and <u>returns</u> to <u>God</u> than over <u>ninety</u>-nine <u>others</u> who are <u>righteous</u> and haven't <u>strayed</u> away!"*

| | |
|---|---|
| SAME | REPENTS |
| WAY | RETURNS |
| MORE | GOD |
| JOY | NINETY |
| HEAVEN | OTHERS |
| LOST | RIGHTEOUS |
| SINNER | STRAYED |

# Luke 23:34

```
F G S F D I A S D
O N S T A K N O W
R I Q U O T C D D
G T W N S L H E K
I S P H O E D E G
V A M T A I J N R
E C H E V T I L T
G E M I H O Y B D
S N D Y D T B B L
```

*Jesus said, "Father, forgive them, for they do not know what they are doing." And they divided up his clothes by casting lots.*

| | |
|---|---|
| JESUS | WHAT |
| SAID | DOING |
| FATHER | DIVIDED |
| FORGIVE | CLOTHES |
| THEM | CASTING |
| KNOW | LOTS |

# Luke 23:44-46

```
T H R E E T S S S J
T N G J H D S A T K
E N I G N E N S S M
M L I A N C U P I J
P L H K T R I D E R
L Q R U T R D S E K
E A A N I L U H Y N
D R E T E S T C O N
Y N R O T A T O U D
X Q W N F L N S Z T
```

*By this time it was about <u>noon</u>, and <u>darkness</u> fell across the whole land until <u>three</u> o'clock. The <u>light</u> from the <u>sun</u> was gone. And suddenly, the <u>curtain</u> in the <u>sanctuary</u> of the <u>Temple</u> was <u>torn</u> down the <u>middle</u>. Then <u>Jesus</u> shouted, "<u>Father</u>, I <u>entrust</u> my <u>spirit</u> into your <u>hands</u>!" And with those words he breathed his last.*

| | |
|---|---|
| NOON | TORN |
| DARKNESS | MIDDLE |
| THREE | JESUS |
| LIGHT | FATHER |
| SUN | ENTRUST |
| CURTAIN | SPIRIT |
| SANCTUARY | HANDS |
| TEMPLE | |

# John 1:1-5

```
G X G B Y B N R D Q Y D G Z
N T M Y D J B A S H I N E S
I T H D B L R J T D R O W T
N M O I H K R Y J H D N L N
N G Y T N V L O B D G T Q N
I D I E N G V X N D H I M G
G W S E J E S I B R T N L M
E S F N R P K R O N R N A X
B I Q C O N M U J V D D P D
L Z O N A T G A Q B E N M R
Y M L M Y H H M L M B T V L
E J M L R L R I Q L M M B R
T T W Y G P W R N X L J W Z
Q Q D Y R R B T Y G V L J L
```

In the _beginning_ was the _Word_, and the
Word was _with_ _God_, and the Word was
God. He was with God in the beginning.
_Through_ him _all_ _things_ were _made_;
without him _nothing_ was made that has
been made. In him was _life_, and that life
was the _light_ of all _mankind_. The light
_shines_ in the _darkness_, and the darkness
has not _overcome_ it.

BEGINNING    NOTHING
WORD         LIFE
WITH         LIGHT
GOD          MANKIND
THROUGH      SHINES
ALL          DARKNESS
THINGS       OVERCOME
MADE

# John 1:12-13

```
C L J M A J R G Z T R Y
D H M Q L N A Y D E Y P
E E I R L V J B W D O G
M Y V L E J D O O X Y N
O D R E D C P O H R D M
C Y Z N I R E S O Z N Q
E D A G V L E I W L J M
B M D V N L E N V L B L
E M A N F T Y B L E L K
B L R J D L X I L B D J
J Y W B B Y W Y L P V P
```

*But to <u>all</u> who <u>received</u> him, who <u>believed</u> in his <u>name</u>, he <u>gave</u> power to <u>become</u> <u>children</u> of God, who were <u>born</u>, not of <u>blood</u> or of the <u>will</u> of the <u>flesh</u> or of the will of <u>man</u>, but of God.*

| | |
|---|---|
| ALL | CHILDREN |
| RECEIVED | GOD |
| BELIEVED | BORN |
| NAME | BLOOD |
| GAVE | WILL |
| POWER | FLESH |
| BECOME | MAN |

# John 1:16-18

```
R S E G T M Y P N D L S N M
E U T V D S X Q Z G S J N D
C S B L O L I D M E Q J M D
E E Z X P L H R N O Y P L N
I J C X R G X L H U S R R D
V Q J N U C L N C G E G Z
E R B O A F W F L R N N S J
D L R M H D A N A T I W B D
D H E T D I N C B S D M Y L
T R I Y L N I U S N E V I G
L A K I J O L E B A L L T T
F A N Y U Z L M M A N K T V
M G W S N B K M J M B R P D
```

*From his <u>abundance</u> we have <u>all</u> <u>received</u> one <u>gracious</u> <u>blessing</u> after another. For the <u>law</u> was <u>given</u> <u>through</u> Moses, but God's <u>unfailing</u> <u>love</u> and <u>faithfulness</u> <u>came</u> through <u>Jesus</u> <u>Christ</u>.*

| | |
|---|---|
| ABUNDANCE | MOSES |
| ALL | UNFAILING |
| RECEIVED | LOVE |
| GRACIOUS | FAITHFULNESS |
| BLESSING | CAME |
| LAW | JESUS |
| GIVEN | CHRIST |
| THROUGH | |

# John 3:16

```
S L H E V A G W
L E I S J O H T
A D V F I O N Y
N W E E R L E
R N O V I N E L
E G E R O L O P
T R O M L L E S
E B N D L D J B
```

*For <u>God</u> so <u>loved</u> the <u>world</u> that he <u>gave</u> his <u>one</u> and <u>only</u> <u>Son</u>, that <u>whoever</u> <u>believes</u> in him shall not <u>perish</u> but have <u>eternal</u> <u>life</u>.*

| | |
|---|---|
| GOD | SON |
| LOVED | WHOEVER |
| WORLD | BELIEVES |
| GAVE | PERISH |
| ONE | ETERNAL |
| ONLY | LIFE |

# John 3:17

```
C D E V A S Y T D
Z O T H R O U G H
O I N D E E D D X
M R T D D R L D Z
I D D O E R V N D
G N G E O M J M N
H E O W R Y N Q X
T S T S Z W R T V
```

*Indeed, God did not send the Son into the world to condemn the world, but in order that the world might be saved through him.*

| | |
|---|---|
| INDEED | CONDEMN |
| GOD | ORDER |
| SEND | MIGHT |
| SON | SAVED |
| WORLD | THROUGH |

# John 3:35-36a

```
Y D K T L L Q T S D B
G N I H T Y R E V E M
F L O V E S V G E V D
A M A D O E O N R J Y
T L O N I T O N S R Y
H G I L R Y N D W H O
E K E F N E N I P V K
R B B A E A T U Q J P
V D M J H D T E M N W
```

*The Father loves his Son and has put everything into his hands. And anyone who believes in God's Son has eternal life.*

FATHER
LOVES
SON
PUT
EVERYTHING
INTO
HANDS

ANYONE
WHO
BELIEVES
GOD
ETERNAL
LIFE

# John 4:13-14

```
B U B B L I N G T D T J
L R R X T I A H P T N B
A E V J H N I M Z G Y W
N T R T Y R G N I R P S
R A I O S B E C O M E S
E W N T J D N F A P Z B
T E Y E N E R G G P Z R
E K S O V E A I L I F E
Q U O E S I V K N P Y T
S S R H N E J M Q K D B
```

*Jesus* replied, "*Anyone* who drinks this water will *soon* become thirsty again. But those who *drink* the *water* I *give* will *never* be *thirsty* *again*. It *becomes* a *fresh*, *bubbling* spring *within* them, giving them *eternal* *life*."

| | |
|---|---|
| JESUS | AGAIN |
| ANYONE | BECOMES |
| SOON | FRESH |
| DRINK | BUBBLING |
| WATER | SPRING |
| GIVE | WITHIN |
| NEVER | ETERNAL |
| THIRSTY | LIFE |

# John 5:20-21

```
R S S E V I G V N A
M W M K B X F O S B
W O P Q R A S T N G
V H R S T O O N R B
R S O H E N W E Z L
N V E M I S A G O L
D R Y S E T I V J L
Y E H R E V E A I N
L E A R D S E F R B
D N M D N K E R K M
```

"The _Father_ _loves_ the _Son_ and _shows_ him all that he himself is doing; and he will show him _greater_ _works_ than these, so that you will be _astonished_. Indeed, just as the Father _raises_ the _dead_ and _gives_ them _life_, so also the Son gives life to _whomever_ he wishes."

| | |
|---|---|
| FATHER | ASTONISHED |
| LOVES | RAISES |
| SON | DEAD |
| SHOWS | GIVES |
| GREATER | LIFE |
| WORKS | WHOMEVER |

# John 5:24

```
T W W R M H S M N E K Q
R N T K T N E E V N J L
D B E U I S V E D M M X
N E R S S E I M Y O J L
E T N A R L Q D G T G Z
T D G M E L A N R E T E
S E E B E E H L V J D L
I E N S R D L T T T L J
L P F L S E N V A R B J
Z Y A I T A B O Q E V Z
Y L K K L M P K C K D N
```

"I *tell* you the *truth*, those who *listen* to my *message* and *believe* in *God* who *sent* me have *eternal life*. They will *never* be *condemned* for their *sins*, but they have *already passed* from *death* into life."

| | |
|---|---|
| TELL | LIFE |
| TRUTH | NEVER |
| LISTEN | CONDEMNED |
| MESSAGE | SINS |
| BELIEVE | ALREADY |
| GOD | PASSED |
| SENT | DEATH |
| ETERNAL | |

# John 6:27

```
P L W O R K S K R J
E D A N W E P R L Y
R L A N R I E F I L
I M A U R H L F K Q
S G D E T E O L Y V
H N I A S O T S N Z
E M F V D M O E T B
S G O D E N Q Q V Q
```

*"Do not <u>work</u> for the <u>food</u> that <u>perishes</u>, but for the food that <u>endures</u> for <u>eternal</u> <u>life</u>, which the <u>Son</u> of <u>Man</u> <u>will</u> <u>give</u> you. For it is on him that <u>God</u> the <u>Father</u> has set his <u>seal</u>."*

| | |
|---|---|
| WORK | MAN |
| FOOD | WILL |
| PERISHES | GIVE |
| ENDURES | GOD |
| ETERNAL | FATHER |
| LIFE | SEAL |
| SON | |

# John 6:35

```
L Y D I A S C D L
T I T D Y O B R B
K S F S M X E E L
J J U E R V L Y L
B R S S E I R R W
R Y E O E G H W D
E D H V N J I T M
A W E U E L K V J
D S H T L N J G P
```

*Jesus said to them, "I am the bread of life. Whoever comes to me will never be hungry, and whoever believes in me will never be thirsty."*

JESUS
SAID
BREAD
LIFE
WHOEVER
COMES

WILL
NEVER
HUNGRY
BELIEVES
THIRSTY

# John 6:37-39

```
K N P J J W G N W L L W K T
L T T Y B W W F X I O Z Z Z
T E Q Z A O A N G D L S M Q
V N S W D T E B E E D L E L
K L A I H V N G V V L A S T
R Y B E A D L E B J E G B Z
N Z R E D R R N Y G N R Q D
O R H M T Y E V I R D D D R
T P N W T M Y J G T T K A C
H D G H N N M I R W W N O Y
I D I G N J V S E N T M P L
N N R D T E R M T N E M P L
G R W R S P Y Y M D R J T B
```

"_Everything_ that the _Father_ _gives_ me will _come_ to me, and anyone who comes to me I will _never_ _drive_ _away_; for I have come _down_ from _heaven_, not to do my own _will_, but the will of him who _sent_ me. And this is the will of him who sent me, that I should _lose_ _nothing_ of all that he has given me, but _raise_ it up on the _last_ _day_."

EVERYTHING
FATHER
GIVES
COME
NEVER
DRIVE
AWAY
DOWN

HEAVEN
WILL
SENT
LOSE
NOTHING
RAISE
LAST
DAY

# John 6:50-51

```
H C O M E S T T W P
E D L R O W D H A D
A L I F E M O I L E
V D F D L E Y I E P
E A B O V E V M L L
N E J E R E S I G K
T R R N V E V H M B
D B X I W I V V M Z
M V G D N O R E Z V
K M X G Q R D J R B
```

*"This is the <u>bread</u> that <u>comes</u> <u>down</u> from <u>heaven</u>, so that one may <u>eat</u> of it and not <u>die</u>. I am the <u>living</u> bread that came down from heaven. <u>Whoever</u> eats of this bread will <u>live</u> <u>forever</u>; and the bread that I will <u>give</u> for the <u>life</u> of the <u>world</u> is my <u>flesh</u>."*

| | |
|---|---|
| BREAD | WHOEVER |
| COMES | LIVE |
| DOWN | FOREVER |
| HEAVEN | GIVE |
| EAT | LIFE |
| DIE | WORLD |
| LIVING | FLESH |

# John 8:12

```
J P W G W Y B T X Z L
E B N H D H V N Z Y N
S V E L E D O L I F E
U T V E Z N Z E T W S
S S E N K R A D V W M
T N R P B O L Q O E W
H V I R E N P L D O R
G N J A W O L S R N K
I K B Q G O P L Z L R
L R X G F A D L A P N
L N Y Y J L R W E D R
```

*When Jesus spoke again to the people, he said, "I am the light of the world. Whoever follows me will never walk in darkness, but will have the light of life."*

| | |
|---|---|
| WHEN | WHOEVER |
| JESUS | FOLLOWS |
| SPOKE | NEVER |
| AGAIN | WALK |
| PEOPLE | DARKNESS |
| LIGHT | LIFE |
| WORLD | |

# John 8:42-43

```
D R O W X Q R M K B
U N D E R S T A N D
F A T H E R L D G D
Y T B M E D N O O N
M S A E R R S G V D
G C U O A E E D X E
D X C S N R W J R M
G C N T E P Z A R M
A M L D N J E N P R
W W X W W H M J Y P
```

*Jesus said to them, "If God were your Father, you would love me, for I came from God and I am here. I came not of my own accord, but he sent me. Why do you not understand what I say? It is because you cannot bear to hear my word."*

| | |
|---|---|
| JESUS | ACCORD |
| GOD | SENT |
| FATHER | UNDERSTAND |
| LOVE | BEAR |
| CAME | HEAR |
| HERE | WORD |

# John 10:8-9

```
S K Y W K T B D T L Q N D E
R G L L N B R E R L D D N B
E N R X Z T T Y F Y B T K Q
B X M Q D L Q H W O E G R J
B M W H O E V E R R R P Z D
O S X Z N Y N T S O A E E L
R D H L W J M E E S U V J T
L N S E V E I H T T A G K T
J I K L E W T U D S A L H Q
Y F N C G P R R Q Z I G L Z
L Z W L O E R W X M K L T D
W L G N Q M N T T R R B N M
B K M Q J Z E R N D D L Q R
```

*"All who have come before me are
thieves and robbers, but the sheep have
not listened to them. I am the gate;
whoever enters through me will be
saved. They will come in and go out, and
find pasture."*

| | |
|---|---|
| ALL | GATE |
| COME | WHOEVER |
| BEFORE | ENTERS |
| THIEVES | THROUGH |
| ROBBERS | SAVED |
| SHEEP | FIND |
| LISTENED | PASTURE |

# John 10:10-11

```
T P S D C N R Y Z A
T H O H W A O R B Y
S O I O E R M U N V
G H D E T E N E C R
T R E S F D P O T Y
T L E P A X M B K J
E D A N H E O I Y S
X F T E S E L N Y Y
P L I N T L R A L L
Y R T L R S L D D Y
```

*"The <u>thief</u> <u>comes</u> <u>only</u> to <u>steal</u> and <u>kill</u> and <u>destroy</u>. I <u>came</u> that they may have <u>life</u>, and have it <u>abundantly</u>. I am the <u>good</u> <u>shepherd</u>. The good shepherd <u>lays</u> <u>down</u> his life for the <u>sheep</u>."*

THIEF
COMES
ONLY
STEAL
KILL
DESTROY
CAME

LIFE
ABUNDANTLY
GOOD
SHEPHERD
LAYS
DOWN
SHEEP

# John 10:14-16

```
D L V Y E B L L J J W
R R A O R F I W O N K
E L E I I S I K L G N
H P N H T C C L D P K
T G E E P O E D Y R Q
A N N E L E O F O L D
F W X F H O H O S L A
D O N Z G S V S Y W R
```

"I am the <u>good</u> <u>shepherd</u>. I know my <u>own</u> and my own <u>know</u> me, just as the <u>Father</u> knows me and I know the Father; and I <u>lay</u> down my <u>life</u> for the <u>sheep</u>. And I have other sheep that are not of this <u>fold</u>. I must <u>bring</u> them <u>also</u>, and they will <u>listen</u> to my <u>voice</u>. So there will be one <u>flock</u>, one shepherd."

| | |
|---|---|
| GOOD | SHEEP |
| SHEPHERD | FOLD |
| OWN | BRING |
| KNOW | ALSO |
| FATHER | LISTEN |
| LAY | VOICE |
| LIFE | FLOCK |

# John 10:17-18

```
R D A C C O R D A
E R N W S L X U Y
C E M A I E T Y F
E A A F M H V A P
I S E G O M T O T
V O N R A H O A L
E N I W E I K C L
D T N R O E N A B
Y L M Y S D Y M W
```

*"The <u>reason</u> my <u>Father</u> <u>loves</u> me is that I <u>lay</u> <u>down</u> my <u>life</u>—only to take it up <u>again</u>. No one <u>takes</u> it from me, but I lay it down of my own <u>accord</u>. I have <u>authority</u> to lay it down and authority to take it up again. This <u>command</u> I <u>received</u> from my Father."*

REASON     AGAIN
FATHER     TAKES
LOVES     ACCORD
LAY     AUTHORITY
DOWN     COMMAND
LIFE     RECEIVED

# John 10:27-29

```
P E E H S K N O W F
G D N A H G N R O Q
T I M M M E L Q G
G L V B T V L H R F
S R A E E O S A A E
N E E N W I E T F Z
A C N A R H H I Y L
T I Z E T E L G Q Q
C O P B R E T B Q R
H V D J Y N R E J G
```

"My _sheep_ _hear_ my _voice_. I _know_ them, and they _follow_ me. I _give_ them _eternal life_, and they will _never_ _perish_. No one will _snatch_ them out of my _hand_. What my _Father_ has given me is _greater_ than all else, and no one can snatch it out of the Father's hand."

| | |
|---|---|
| SHEEP | LIFE |
| HEAR | NEVER |
| VOICE | PERISH |
| KNOW | SNATCH |
| FOLLOW | HAND |
| GIVE | FATHER |
| ETERNAL | GREATER |

# John 13:1

```
P T B S U S E J Q
C A S E R U O H L
W O S U F M O A G
D O M S J O V W F
E D R E O I R A N
V V N L T V T E K
O D A S D H E N M
L Z E E E T E R X
M F V R L W B Q N
```

It was *just* *before* the *Passover* *Festival*. *Jesus* *knew* that the *hour* had *come* for him to *leave* this *world* and go to the *Father*. Having *loved* his *own* who were in the world, he loved them to the *end*.

| | |
|---|---|
| JUST | COME |
| BEFORE | LEAVE |
| PASSOVER | WORLD |
| FESTIVAL | FATHER |
| JESUS | LOVED |
| KNEW | OWN |
| HOUR | END |

# John 13:12-14

```
D N A T S R E D N U
A D R O L E E D S R
N O W W C N E E R R
O N G A R H H I E R
T E L U S T G H K A
H P T I O H C D S T
E E N L T A I K D C
R I C L E E N A R R
F J Y T B D E L G B
D D R T M B L F Y M
```

When he had _finished_ _washing_ their _feet_, he put on his _clothes_ and _returned_ to his _place_. "Do you _understand_ what I have _done_ for you?" he _asked_ them. "You _call_ me '_Teacher_' and '_Lord_,' and _rightly_ so, for that is what I am. Now that I, your Lord and Teacher, have washed your feet, you also should wash one _another_'s feet."

| | |
|---|---|
| FINISHED | DONE |
| WASHING | ASKED |
| FEET | CALL |
| CLOTHES | TEACHER |
| RETURNED | LORD |
| PLACE | RIGHTLY |
| UNDERSTAND | ANOTHER |

# John 13:34-35

```
T D R D E D B W Z Q Z
D N M R V R Q K L D W
I T E R I N E W N N Y
S P S M G M D L W O R
C E T U D Q N H O E W
I O X A J N A A H V Z
P P L L N V A T L T E
L L R L E Q O M P S T
E E J T Y N G W M M O
S E N O A N M D X O M
T T L T D D D Q P N C
```

*"A <u>new</u> <u>commandment</u> I <u>give</u> to you, that you <u>love</u> <u>one</u> <u>another</u>: <u>just</u> as I <u>have</u> loved you, you <u>also</u> are to love one another. By this <u>all</u> <u>people</u> will <u>know</u> that you are my <u>disciples</u>, if you have love for one another."*

NEW

COMMANDMENT

GIVE

LOVE

ONE

ANOTHER

JUST

HAVE

ALSO

ALL

PEOPLE

KNOW

DISCIPLES

# John 14:1-3

```
M D A G O D D E R J E B
R M D L X D N R Y V R M
T Z B G W O N K E Q O D
Q S L Y U A F R L O B T
P T Y G L R Y A R P R B
R R H G E T E S T O N T
E A J D H C P A U H R B
P E Y I T D A B D T E J
A H N S Z H L L E Y B R
R G U B V E O M P M B B
E R L R D T N M Y R O T
T J V K P L D B E R Y C
```

*"Don't let your <u>hearts</u> be <u>troubled</u>. <u>Trust</u> in <u>God</u>, and trust also in me. There is more than <u>enough</u> <u>room</u> in my <u>Father's</u> <u>home</u>. If this were not so, would I have told you that I am going to <u>prepare</u> a <u>place</u> for you? When <u>everything</u> is <u>ready</u>, I will <u>come</u> and get you, so that you will <u>always</u> be with me where I am."*

| | |
|---|---|
| HEARTS | HOME |
| TROUBLED | PREPARE |
| TRUST | PLACE |
| GOD | EVERYTHING |
| ENOUGH | READY |
| ROOM | COME |
| FATHER | ALWAYS |

# John 14:6-7

```
D F A T H E R B W R
E E S U S E J O W G
R X B Y B E N Q T R
E C T Z L K E H Y M
W E Y R C L R N M K
S P E W U O A W A Y
N T E F U T M E K K
A L K G I T H E R W
L G H N L L Y G S D
```

*Jesus answered, "I am the way and the truth and the life. No one comes to the Father except through me. If you really know me, you will know my Father as well. From now on, you do know him and have seen him."*

JESUS
ANSWERED
WAY
TRUTH
LIFE
COMES
FATHER

EXCEPT
THROUGH
REALLY
KNOW
WELL
SEEN

# John 14:12-14

```
G N I H T Y N A T P
G R E A T E R V W L
S E V E I L E B A R
R T N M R G N N T W
E E N Q O H Y A O M
H L Y I G O T R M G
T L N N N A K U L E
A G I E O S S O R N
F R T B L S R K M T
B Y M D Y Y B W W G
```

*"I tell you the truth, anyone who believes in me will do the same works I have done, and even greater works, because I am going to be with the Father. You can ask for anything in my name, and I will do it, so that the Son can bring glory to the Father. Yes, ask me for anything in my name, and I will do it!"*

TELL
TRUTH
ANYONE
BELIEVES
WORKS
GREATER
GOING

FATHER
ASK
ANYTHING
NAME
SON
BRING
GLORY

# John 14:19, 21

```
O E F L E S Y M T K
S J R W H O E V E R
L D O O D E B K R J
A H N L M E V E E S
S K R A F Y H I L Y
L O E O M T N O L T
W O R E A M V A E Y
D E N F P E O N R B
J B V G S S O C N T
```

*"Before long, the world will not see me anymore, but you will see me. Because I live, you also will live. Whoever has my commands and keeps them is the one who loves me. The one who loves me will be loved by my Father, and I too will love them and show myself to them."*

BEFORE
LONG
WORLD
SEE
ANYMORE
LIVE
ALSO
WHOEVER

COMMANDS
KEEPS
ONE
LOVES
FATHER
SHOW
MYSELF

# John 14:23-24

```
L M A K E T R W M K K X
O D D X X Q B Z G I Y B
V D R C D E R E W S N A
E Z P R O F L L Y R R E
S M Y E A M R M E Y Q P
L N B T E Y E V E M J N
B L H G T K E M N E A P
K E T P L O O Y S N D K
R D M R H H T U Y J R G
X R L W A N S O L M Z B
K O P T E E N K L J L P
P W G S Q E H Q X V D V
```

*Jesus answered him, "If anyone loves me, he will keep my word, and my Father will love him, and we will come to him and make our home with him. Whoever does not love me does not keep my words. And the word that you hear is not mine but the Father's who sent me."*

| | |
|---|---|
| JESUS | COME |
| ANSWERED | MAKE |
| ANYONE | HOME |
| LOVES | WHOEVER |
| KEEP | HEAR |
| WORD | MINE |
| FATHER | SENT |

# John 14:27-28

```
R D I A R F A W B M
E R Z S M E O W D Q
T C R J T R H E A G
A O M E L R L T O Y
E M D D J B A I A J
R I L L U O N E L F
G N L O G G I Q H D
E G R E P E A C E P
V T D R A E H V E T
I G V D B V O B J B
G L Z B B B L E P K V
```

"*Peace* I *leave* with you; my peace I *give* to you. I do not give to you as the *world* gives. Do not let your *hearts* be *troubled*, and do not let them be *afraid*. You *heard* me say to you, 'I am *going* *away*, and I am *coming* to you.' If you *loved* me, you would *rejoice* that I am going to the *Father*, because the Father is *greater* than I."

| | |
|---|---|
| PEACE | GOING |
| LEAVE | AWAY |
| GIVE | COMING |
| WORLD | LOVED |
| HEARTS | REJOICE |
| TROUBLED | FATHER |
| AFRAID | GREATER |
| HEARD | |

# John 15:1-3

```
E R Y P M E S S A G E M
N V A N U F A T H E R N
I E E E X R H C N A R B
V T C R B J I R X A E Q
E I N U Y T E F L N Q T
P U N T D N Y R I P B B
A R L E E O E M R E C M
R F U D R A R U N U D G
G R R Z D O N P T T G N
T A T Y N E M S Y M G Y
G N W J S J G Z P N R Q
```

"I am the _true_ _grapevine_, and my _Father_ is the _gardener_. He _cuts_ off _every_ _branch_ of _mine_ that doesn't _produce_ _fruit_, and he _prunes_ the branches that do _bear_ fruit so they will produce even _more_. You have _already_ been pruned and _purified_ by the _message_ I have given you."

| | |
|---|---|
| TRUE | PRODUCE |
| GRAPEVINE | FRUIT |
| FATHER | PRUNES |
| GARDENER | BEAR |
| CUTS | MORE |
| EVERY | ALREADY |
| BRANCH | PURIFIED |
| MINE | MESSAGE |

# John 15:8-10

```
C S E L P I C S I D K K
F O Y F R N E L G D T W
R P M Z A D D M O G Y V
U E B M I T W P L V W R
I E Y B A R H O R B E B
T K A T L N R E H O L D
V N Z M J I D C R L V R
D L M L F R U M K Y Z E
J K L I Z M A Y E B T N
P M E J Q L M E X N N J
L D N T Q M D X B L T D
W L N N P J M W J J M S
```

*"By this my Father is glorified, that you bear much fruit and so prove to be my disciples. As the Father has loved me, so have I loved you. Abide in my love. If you keep my commandments, you will abide in my love, just as I have kept my Father's commandments and abide in his love."*

FATHER
GLORIFIED
BEAR
MUCH
FRUIT
PROVE

DISCIPLES
LOVED
ABIDE
KEEP
COMMANDMENTS

# John 15:12-15

```
T M M B D M D S N E V O L W
F N B A A O E V J W N X G D
R L E D S R I R J G M T N J
I N E M V T E N R N S Y B P
E Q W A D H E E G O L L A C
N Y N O T N A R M Q N W V L
D T Y O N T A E Y W M T T J
S B N E E K O M O X M Z M Y
D A F R R N L D M E N O D Q
L I B D E N A P Y O D Y J M
L Z M J L R Y D Z R C G K R
```

*"This is my <u>commandment</u>, that you <u>love</u> <u>one</u> <u>another</u> as I have loved you. <u>Greater</u> love has no one than this, that <u>someone</u> <u>lay</u> <u>down</u> his <u>life</u> for his <u>friends</u>. You are my friends if you do what I command you. No longer do I <u>call</u> you <u>servants</u>, for the servant does not know what his <u>master</u> is <u>doing</u>; but I have called you friends, for all that I have heard from my Father I have <u>made</u> <u>known</u> to you."*

| | |
|---|---|
| COMMANDMENT | LIFE |
| LOVE | FRIENDS |
| ONE | CALL |
| ANOTHER | SERVANTS |
| GREATER | MASTER |
| SOMEONE | DOING |
| LAY | MADE |
| DOWN | KNOWN |

# John 15:16-17

```
D B N Z W Z M T L J K R D
T E V N K S A N N B X B Z
G Q T E N Z P B Q E B Y L
D R A N Y B C Z R L V T R
V C E Q I O E E F R U I T
H E W H M O V A R L O N G
J B S M T E P E R T O N G
D Z A O T A M P H D L V P
M N V A O A F E A L Z Y E
D M H G N H R T K A M J N
M W J R Z D C N N S K R Q
M X X M L K J Y D T T J L
```

"*You did not <u>choose</u> me, but I chose you and <u>appointed</u> you so that you might go and <u>bear</u> <u>fruit</u>—fruit that will <u>last</u>—and so that <u>whatever</u> you <u>ask</u> in my <u>name</u> the <u>Father</u> will <u>give</u> you. This is my <u>command</u>: <u>Love</u> <u>each</u> <u>other</u>.*"

| | |
|---|---|
| CHOOSE | NAME |
| APPOINTED | FATHER |
| BEAR | GIVE |
| FRUIT | COMMAND |
| LAST | LOVE |
| WHATEVER | EACH |
| ASK | OTHER |

# John 16:33

```
E R T U T E B R N K
S M O H C O E K A T
E Y O A I L L T V V
H D E C B N T D J G
T P L U R R G E K X
P Y O R A E V S J N
G R A E O A V X X R
T N H M H W Q O K J
```

*"I have <u>told</u> you <u>these</u> <u>things</u>, so that in me <u>you</u> <u>may</u> <u>have</u> peace. In this <u>world</u> you will have <u>trouble</u>. But <u>take</u> <u>heart</u>! I have <u>overcome</u> the world."*

TOLD          PEACE
THESE         WORLD
THINGS        TROUBLE
YOU           TAKE
MAY           HEART
HAVE          OVERCOME

# John 17:2b-3

```
Z N O N L Y E Z T
E U R T D N Y A W
L V M Z O O W W R
C A S E V I G S H
H H N L B L U T Z
R C T R E S R B K
I A Q F E A E N N
S E I J E T O N N
T L K D T W E D T
```

*He gives eternal life to each one you have given him. And this is the way to have eternal life—to know you, the only true God, and Jesus Christ, the one you sent to earth.*

GIVES
ETERNAL
LIFE
EACH
ONE
WAY
KNOW

ONLY
TRUE
GOD
JESUS
CHRIST
SENT
EARTH

# John 17:22-23

```
M N E G T Z B L Y
W N E N I Y O L K
O Z E V R V T N B
R S B O E C E E K
L Y L D E N C N V
D G Q F K O O T M
L N R K M W T L B
W E Z E T H E M V
P B Y T Y R Q G P
```

"The _glory_ that you have _given_ me I have given to _them_, that they may be _one_ _even_ as we are one, I in them and you in me, that they may _become_ _perfectly_ one, so that the _world_ may _know_ that you _sent_ me and _loved_ them even as you loved me."

GLORY
GIVEN
THEM
ONE
EVEN
BECOME

PERFECTLY
WORLD
KNOW
SENT
LOVED

# John 17:25-26

```
E V O L R E H T A F
S U O E T H G I R J
H P N H N D E V E N
G N E I L A S B M N
U M W R T E M E X X
O N O O N N D E R M
H W J T N A O Y G N
T Q L B M K K C T X
```

*"O righteous Father, even though the world does not know you, I know you, and these know that you have sent me. I made known to them your name, and I will continue to make it known, that the love with which you have loved me may be in them, and I in them."*

| | |
|---|---|
| RIGHTEOUS | MADE |
| FATHER | KNOWN |
| EVEN | NAME |
| THOUGH | CONTINUE |
| WORLD | LOVE |
| SENT | THEM |

# John 21:17

```
E S H E E P T E Q T R
D V V Z V L M E S Y R
E F E J D I J A V T B
V X E R T H I R D O S
E N L E Y D Z L L U L
I Z O R D T Y L S T P
R K R M Y N H E T E W
G X D Y I N J I T O R
J O H N T S G E N J J
K G R L X Z R K L G N
```

He said to him the <u>third</u> <u>time</u>, "<u>Simon</u>, son of <u>John</u>, do you <u>love</u> me?" <u>Peter</u> was <u>grieved</u> because he said to him the third time, "Do you love me?" and he said to him, "<u>Lord</u>, you <u>know</u> <u>everything</u>; you know that I love you." <u>Jesus</u> <u>said</u> to him, "<u>Feed</u> my <u>sheep</u>."

THIRD
TIME
SIMON
JOHN
LOVE
PETER
GRIEVED

LORD
KNOW
EVERYTHING
JESUS
SAID
FEED
SHEEP

# Acts 4:12

```
O R Z N R B E Q B S
T R L L R E D L A Q
H E A V E N D L S J
E N N P I D V N E E
R E E K M A N R U Y
D M N V T L E U D L
Q A L I I H M E O M
M N O K T G V N U F
Q N K V W A R S N Y
Z Q V Z S D T O N E
```

*"Salvation is <u>found</u> in no <u>one</u> <u>else</u>, for there is no <u>other</u> <u>name</u> <u>under</u> <u>heaven</u> <u>given</u> to <u>mankind</u> by which we <u>must</u> be <u>saved</u>."*

| | |
|---|---|
| SALVATION | UNDER |
| FOUND | HEAVEN |
| ONE | GIVEN |
| ELSE | MANKIND |
| THERE | MUST |
| OTHER | SAVED |
| NAME | |

# Romans 3:23-24

```
D Y L E E R F E D T J
E O W P J L N M H T L
N R G E T O L G T S T
N P S S Y C I A T D T
I U E R U S H A F S J
S F E N R O N R H D X
Q V R I A D I O I G L
E K G E A L R R R S S
T H D R E T T A O I T
T N D T K D C Y N L R
D M L Y W E T S Z D G
```

*For <u>everyone</u> has <u>sinned</u>; we all <u>fall</u> <u>short</u> of God's <u>glorious</u> <u>standard</u>. Yet <u>God</u>, in his <u>grace</u>, <u>freely</u> makes us <u>right</u> in his <u>sight</u>. He did this through <u>Christ</u> <u>Jesus</u> when he <u>freed</u> us from the <u>penalty</u> for our <u>sins</u>.*

| | |
|---|---|
| EVERYONE | FREELY |
| SINNED | RIGHT |
| FALL | SIGHT |
| SHORT | CHRIST |
| GLORIOUS | JESUS |
| STANDARD | FREED |
| GOD | PENALTY |
| GRACE | SINS |

# Romans 5:2

```
C P R Z F G P B M M J
U O K T L O R L P J B
N M N O S O R R A J N
D B R F U I I W O C E
E Y G G I V R Y A S E
S F H N I D F H U R S
E T A L I U E A C T D
R D E I L R C N A M L
V G O L T E A N T O B
E Z Y G B H D H O L D
D L R G R T L K S L Y
```

*Because of our faith, Christ has brought us into this place of undeserved privilege where we now stand, and we confidently and joyfully look forward to sharing God's glory.*

| | |
|---|---|
| BECAUSE | CONFIDENTLY |
| FAITH | JOYFULLY |
| CHRIST | LOOK |
| BROUGHT | FORWARD |
| PLACE | SHARING |
| UNDESERVED | GOD |
| PRIVILEGE | GLORY |
| STAND | |

# Romans 5:6-8

```
R W L D Z R Q S Y K L J
D E M O N S T R A T E S
U S Y T Z I E T P R Z P
N R T R L R S O I M J D
G E N L A I W G D Q Z K
O N V D R E H R O O D B
D N B H R T V D N O G N
L I C L E H E O I D D B
Y S E O Y G V M L E M B
X S U X X I W W I P D Z
S S K B N R T N Q T Q J
```

*You see, at just the <u>right</u> <u>time</u>, when we were still <u>powerless</u>, <u>Christ</u> <u>died</u> for the <u>ungodly</u>. Very rarely will anyone die for a <u>righteous</u> person, though for a <u>good</u> person someone might possibly <u>dare</u> to die. But <u>God</u> <u>demonstrates</u> his own <u>love</u> for us in this: While we were <u>still</u> <u>sinners</u>, Christ died for us.*

RIGHT

TIME

POWERLESS

CHRIST

DIED

UNGODLY

RIGHTEOUS

GOOD

DARE

GOD

DEMONSTRATES

LOVE

STILL

SINNERS

# Romans 5:9-10

```
D W R A T H M D N D
Y E N E B D Y U E M
H B I Z N Y E L C T
G L D F E E I A L H
U O D G I C M Q T E
O O R E N T N I F H
R D Z O V M S I E M
H S C G O A L U S S
T E O R G R S L J Q
R B E N J Z D Q R D
```

*Since we have now been justified by his blood, how much more shall we be saved from God's wrath through him! For if, while we were God's enemies, we were reconciled to him through the death of his Son, how much more, having been reconciled, shall we be saved through his life!*

SINCE
JUSTIFIED
BLOOD
MUCH
MORE
SAVED
WRATH

THROUGH
ENEMIES
RECONCILED
DEATH
SON
LIFE

# Romans 5:21

```
B G E R S T A N D I N G
R R E L J R E N L R R R
D V O E P T U U I G R Z
O E S U E O F L R S P N
D U A R G R E A E V N Y
S R N T E H C P L D P G
N A I D H E T S I R H C
L N N G B W F D R O L G
Q O G Y H K Y I Z R Q M
W Z G J Q T M B L G O D
```

So just as _sin_ _ruled_ _over_ all _people_ and _brought_ them to _death_, now _God's_ _wonderful_ _grace_ rules instead, giving us _right_ _standing_ with God and resulting in _eternal_ _life_ through _Jesus_ _Christ_ our _Lord_.

| | |
|---|---|
| SIN | GRACE |
| RULED | RIGHT |
| OVER | STANDING |
| PEOPLE | ETERNAL |
| BROUGHT | LIFE |
| DEATH | JESUS |
| GOD | CHRIST |
| WONDERFUL | LORD |

# Romans 8:31-32

```
D N L V Z N T B R E D N
E N L B Y H N S L Q N D
A V P U I R P S V L N Y
G D E N F A E P R G Q T
A B G R R Y V D K M D
I S N E Y A E E E G O D
N O T E S T C D T Y M K
S X N Z V N H E N B J T
T W L V I E R I V O L Y
O D L S Y M N G N A W N
B P A D D T T J D G G Q
```

*What shall we <u>say</u> about such <u>wonderful</u> <u>things</u> as these? If <u>God</u> is for us, who can <u>ever</u> be <u>against</u> us? <u>Since</u> he did not <u>spare</u> <u>even</u> his <u>own</u> <u>Son</u> but <u>gave</u> him up for us <u>all</u>, won't he also give us <u>everything</u> <u>else</u>?*

| | |
|---|---|
| SAY | EVEN |
| WONDERFUL | OWN |
| THINGS | SON |
| GOD | GAVE |
| EVER | ALL |
| AGAINST | EVERYTHING |
| SINCE | ELSE |
| SPARE | |

# Romans 8:35, 37

```
Z C P I H S D R A H P T
K R O N A K E D N E S S
E E D N R T G R R R E M
N G T G Q V S S Y T Y M
I N B T D U E I A G M J
M A B R R C E R R O R Q
A D O E U O A R R H O J
F W Q T V P U E O H C P
S Y I W E O X B W R M Y
J O G S P L L A L T S X
N M T D J D T N R E B W
```

*Who shall separate us from the love of Christ? Shall trouble or hardship or persecution or famine or nakedness or danger or sword? No, in all these things we are more than conquerors through him who loved us.*

| | |
|---|---|
| WHO | FAMINE |
| SEPARATE | NAKEDNESS |
| LOVE | DANGER |
| CHRIST | SWORD |
| TROUBLE | ALL |
| HARDSHIP | MORE |
| PERSECUTION | CONQUERORS |

# Romans 8:38-39

```
N H B C H R I S T D V
S E D Q K S E W E J S
L I I L D P R C T R T
E G M T A E N E E Y H
G H T R H I A L W T Y
N T A N V E U T P O J
A T M N E R R E H E P
E E O R V S D C S M D
P C F Z O Z E U O R R
X Y W I L R S R O M V
L W N W L B P L P R E
```

*For I am <u>convinced</u> that <u>neither</u> <u>death</u>, nor <u>life</u>, nor <u>angels</u>, nor <u>rulers</u>, nor things <u>present</u>, nor things to <u>come</u>, nor <u>powers</u>, nor <u>height</u>, nor <u>depth</u>, nor anything else in all creation, will be able to <u>separate</u> us from the <u>love</u> of God in <u>Christ</u> Jesus our <u>Lord</u>.*

| | |
|---|---|
| CONVINCED | POWERS |
| NEITHER | HEIGHT |
| DEATH | DEPTH |
| LIFE | SEPARATE |
| ANGELS | LOVE |
| RULERS | CHRIST |
| PRESENT | JESUS |
| COME | LORD |

# Romans 12:9-10

```
R J N K W Y V M J J Y Y
Y O U R S E L V E S G M
S M N Q Y N Q R D R L J
C I U O Y D E V O T E D
L E N S H H E V O B A K
I V Q C T O H N L M N Y
N O R O E A N I D O O G
G L N R T R V E T T Q T
V A L E J E E P G Y W B
```

*Love must be sincere. Hate what is evil; cling to what is good. Be devoted to one another in love. Honor one another above yourselves.*

LOVE
MUST
SINCERE
HATE
EVIL
CLING
GOOD

DEVOTED
ONE
ANOTHER
HONOR
ABOVE
YOURSELVES

# Romans 13:8-10

```
F N E I G H B O R M K W D V
U P L T D W N J B L Y L A P
L P R D A T N Z L S N L R L
F S D X T D N M U M Z P C K
I Q T V K Y U M R G N O R W
L F Z E Z T M L L Z M T W X
L L L Z A E E J T M D M L M
E T K E D L R V A E M P W N
D R R N S E Y N O G R L D L
Q L X E D R D P V C D Y Q L
R L W R H M U Y M D Y N O Q
Y N U T E T R O Z Y W V N N
P M M N Y E O M Y T E B Y M
T R T J G W G N T K L T W J
T S J L P O B Z A R Z V G M
```

_Owe_ no one anything, except to _love_ one _another_; for the one who loves another has _fulfilled_ the _law_. The _commandments_, "You shall not commit _adultery_; You shall not _murder_; You shall not _steal_; You shall not _covet_"; and any other commandment, are _summed_ up in this word, "Love your _neighbor_ as _yourself_." Love does no _wrong_ to a neighbor; therefore, love is the fulfilling of the law.

| | |
|---|---|
| OWE | SUMMED |
| LOVE | NEIGHBOR |
| ANOTHER | YOURSELF |
| FULFILLED | WRONG |
| LAW | |
| COMMANDMENTS | |
| ADULTERY | |
| MURDER | |
| STEAL | |
| COVET | |

# 1 Corinthians 4:20-21

```
E N R B D X N Q J N K T
M B G M O D G N I K A Z
O N E P D P W M N L M P
C D N T O C R X K Z L X
Z L T M S W O J B Y Z T
Z Z L R M P E N W I S H
K N E Z O V I R S R Z X
K J N D O D J R Z I R L
P M E L O D T J I J S G
Y P S L K G X T L T W T
K M S N W L J K D G V P
```

For the _kingdom_ of _God_ does not _consist_ in _talk_ but in _power_. What do you _wish_? Shall I _come_ to you with a _rod_, or with _love_ in a _spirit_ of _gentleness_?

| | |
|---|---|
| KINGDOM | COME |
| GOD | ROD |
| CONSIST | LOVE |
| TALK | SPIRIT |
| POWER | GENTLENESS |
| WISH | |

# 1 Corinthians 11:23a-25

```
Y X R P J K N I R D R
D L U E T R L B S E Q
O C S M G P E U M D T
B U N B W T P E A N N
S K Y L R P M E A P T
B B D A E B R N G E T
Q L Y R R B E P K M N
L E O A O V G O R X D
D N N O O L R L D Z K
X C T C D B Q N B T L
E T G V Y T M Y W Y Y
```

*The <u>Lord</u> <u>Jesus</u> on the night when he was <u>betrayed</u> took a loaf of <u>bread</u>, and when he had given thanks, he <u>broke</u> it and said, "This is my <u>body</u> that is for you. Do this in <u>remembrance</u> of me." In the same way he took the <u>cup</u> also, after <u>supper</u>, saying, "This cup is the new <u>covenant</u> in my <u>blood</u>. Do this, as often as you <u>drink</u> it, in remembrance of me."*

| | |
|---|---|
| LORD | REMEMBRANCE |
| JESUS | CUP |
| BETRAYED | SUPPER |
| BREAD | COVENANT |
| BROKE | BLOOD |
| BODY | DRINK |

# 1 Corinthians 13:1

```
S C Y S I O N V C Q
P W L T G E Z Y T X
E N J A M W M D S P
A S X Q N B Z L X R
K E G H A G E G J W
N U G L A G I T D R
K G R N N V E N R K
P N L A O J E V G R
M O N K L G Y T O T
P T Z R R R T L N L
```

*If I <u>speak</u> in the <u>tongues</u> of <u>men</u> or of <u>angels</u>, but <u>have</u> not <u>love</u>, I am a <u>noisy</u> <u>gong</u> or a <u>clanging</u> <u>cymbal</u>.*

| | |
|---|---|
| SPEAK | LOVE |
| TONGUES | NOISY |
| MEN | GONG |
| ANGELS | CLANGING |
| HAVE | CYMBAL |

# 1 Corinthians 13:2

```
U S N I A T N U O M L
P N P O W E R S P L T
E R D T E J R N A M Y
V G O E Y V O Y Y Y P
K B D P R T O S L B R
L O V E H S T M R D N
Z L Z I L E T H E Y Y
M H N Z R W T A N R T
W G A I T I O I N Q N
T J E V A Y M N C D D
T S R F E B R D K R P
```

*And if I have prophetic powers, and understand all mysteries and all knowledge, and if I have all faith, so as to remove mountains, but have not love, I am nothing.*

HAVE
PROPHETIC
POWERS
UNDERSTAND
ALL
MYSTERIES

KNOWLEDGE
FAITH
REMOVE
MOUNTAINS
LOVE
NOTHING

# 1 Corinthians 13:3

```
L T W Y T M L T T N Z X
P O S S E S S S R B N O
H A V E W M A Y J O V R
Y L V H E O Q J T E R L
P O Z A B V Y H R X M T
L V M R R J I D N I A G
Z J W D L N T G O N N B
L Q L S G L M P Z B L M
D W T H D K A T O M M Y
T R N I R J D T N O N Z
K X M P M K Z L Y M R D
```

*If I give all I possess to the poor and give over my body to hardship that I may boast, but do not have love, I gain nothing.*

| | |
|---|---|
| GIVE | HARDSHIP |
| ALL | BOAST |
| POSSESS | HAVE |
| POOR | LOVE |
| OVER | GAIN |
| BODY | NOTHING |

# 1 Corinthians 13:4-8a

```
P S W R O N O H S I D
E T E R E C O R D L Q
R C T C B H Y K O L T
S E R B I R O V I S V
E T U F Z O E P A N P
V O S M A K J O E A D
E R T Z X I B E T S R
R P S L D J L I R E Y
E H T U R T E S V V Q
S L V J L N K E N V B
R T K T T Q N E B N P
```

*Love is patient, love is kind. It does not envy, it does not boast, it is not proud. It does not dishonor others, it is not self-seeking, it is not easily angered, it keeps no record of wrongs. Love does not delight in evil but rejoices with the truth. It always protects, always trusts, always hopes, always perseveres. Love never fails.*

| | |
|---|---|
| LOVE | TRUTH |
| PATIENT | PROTECTS |
| KIND | TRUSTS |
| ENVY | HOPES |
| BOAST | PERSEVERES |
| DISHONOR | NEVER |
| RECORD | FAILS |
| REJOICES | |

# 1 Corinthians 13:12-13

```
R E F L E C T I O N
K G Y R Y F A I T H
N Q R L T E V O L B
O N L E J H E R M Q
W U I O A C R I D M
F E N A A T R E P R
W L P F M R E A E K
Y W J O O E R S N J
L T V R H T R Y T B
```

For now we see _only_ a _reflection_ as in a _mirror_; then we shall see _face_ to face. Now I _know_ in _part_; then I shall know _fully_, even as I am fully known. And now these _three_ _remain_: _faith_, _hope_ and _love_. But the _greatest_ of these is love.

| | |
|---|---|
| ONLY | THREE |
| REFLECTION | REMAIN |
| MIRROR | FAITH |
| FACE | HOPE |
| KNOW | LOVE |
| PART | GREATEST |
| FULLY | |

# 1 Corinthians 15:20-22

```
N L B E H T L N D L Z S G K
T O D Y R G Z Z D W T G R J
A A I D D R U V J I L V L Y
M L X T K L B O U X T J P Z
D N I Y C Y S R R Z N E T Y
P E Q V G E F E J H E X B M
L L S V E T R J M L T R Z J
C L N I S P D R S O M A D A
H A D R A E E A U N C Y T J
R F I A E R A X V S Q M V K
I F P D E M T M N V E K T D
S V N Z D D H D I E Z R T R
T I M J R D Y D N W D Y W B
```

But *Christ* has *indeed* been *raised* from the *dead*, the *firstfruits* of those who have *fallen* asleep. For since *death* came through a man, the *resurrection* of the dead *comes* also *through* a man. For as in *Adam* all *die*, so in Christ all will be *made* *alive*.

| | |
|---|---|
| CHRIST | RESURRECTION |
| INDEED | COMES |
| RAISED | THROUGH |
| DEAD | ADAM |
| FIRSTFRUITS | DIE |
| FALLEN | MADE |
| ASLEEP | ALIVE |
| DEATH | |

# 2 Corinthians 4:5-6

```
S U S E J Y R O L G L T J
S V B T E G D E L W O N K
D E Y A L P S I D R P P D
S N V T S A F A Q R B D Y
C E V L K T R A E L R K M
H P R E E K R A C S K T Y
R T D V N S C A H E V W T
I Q H E A H R I E D Z B D
S R S G K N N U R H Y K Z
T S D X I E T O O E V I G
T V Z Y B L L S T V M J D
```

*For what we <u>preach</u> is not <u>ourselves</u>, but <u>Jesus</u> <u>Christ</u> as <u>Lord</u>, and ourselves as your <u>servants</u> for Jesus' <u>sake</u>. For God, who said, "Let <u>light</u> <u>shine</u> out of <u>darkness</u>," made his light shine in our <u>hearts</u> to <u>give</u> us the light of the <u>knowledge</u> of God's <u>glory</u> <u>displayed</u> in the <u>face</u> of Christ.*

| | |
|---|---|
| PREACH | SHINE |
| OURSELVES | DARKNESS |
| JESUS | HEARTS |
| CHRIST | GIVE |
| LORD | KNOWLEDGE |
| SERVANTS | GLORY |
| SAKE | DISPLAYED |
| LIGHT | FACE |

# 2 Corinthians 5:14-15

```
C O N C L U D E D S
A T E V O L T T E W
C L H L I V E V T L
H O L E X R L P T D
R T N V R E D L T R
I E J T S E O I A D
S L K M R N F I E Y
T E E A G O S O R D
L H N E S E L Z R Y
T K R O D L R S P E
```

For the *love* of *Christ* *controls* us, because we have *concluded* this: that *one* has *died* for *all*, *therefore* all have died; and he died for all, that those who *live* might no *longer* live for *themselves* but for him who for their *sake* died and was *raised*.

| | |
|---|---|
| LOVE | THEREFORE |
| CHRIST | LIVE |
| CONTROLS | LONGER |
| CONCLUDED | THEMSELVES |
| ONE | SAKE |
| DIED | RAISED |
| ALL | |

# 2 Corinthians 6:3-8a

```
O T L K I N D N E S S J M
B I E N D D E G F A U L T
S R T C Q N D V P V L N L
T I P P N E E Y O U Y M G
A P Q A L A R M F L Y B N
C S O W T T R H M T L R Y
L L O W S I T U I O V T Y
E N R I E U E R D V C J R
K M N Z R R U N G N P N N
G I Z T G P V L C V E V Y
M B N B Y Q B J L E B B J
```

*We put no <u>obstacle</u> in anyone's way, so that no <u>fault</u> may be found with our <u>ministry</u>, but as servants of God we <u>commend</u> ourselves in every way: by great <u>endurance</u>, in afflictions, hardships, calamities, beatings, imprisonments, riots, labors, sleepless nights, hunger; by <u>purity</u>, <u>knowledge</u>, <u>patience</u>, <u>kindness</u>, the Holy <u>Spirit</u>, genuine <u>love</u>; by <u>truthful</u> speech, and the <u>power</u> of God; with the weapons of righteousness for the right hand and for the left; through honor and dishonor, through slander and praise.*

OBSTACLE
FAULT
MINISTRY
COMMEND
ENDURANCE
PURITY
KNOWLEDGE

PATIENCE
KINDNESS
SPIRIT
LOVE
TRUTHFUL
POWER

# 2 Corinthians 8:9

```
C G R A C E H T E
H P X E Y G Q M N
R Y K H U K A R J
I A T O G C N E R
S N R R E U S O L
T H R B E U O O W
T N O I S V R H R
D R O Z C D O Z T
R Z P P Q H B P P
```

*For you <u>know</u> the <u>grace</u> of our <u>Lord</u> <u>Jesus</u> <u>Christ</u>, that <u>though</u> he was <u>rich</u>, yet for your <u>sake</u> he <u>became</u> poor, so that you <u>through</u> his <u>poverty</u> might become rich.*

| KNOW | RICH |
| GRACE | SAKE |
| LORD | BECAME |
| JESUS | POOR |
| CHRIST | THROUGH |
| THOUGH | POVERTY |

# 2 Corinthians 13:11-12

```
A B Y R T N G V N Q Z W
G B R Z E M W T J Z T N
R Y T O J J Y X R B O B
E D M W T Y O B H I W G
E C K T V H R I T O R N
E V O M L E E A C E L W
N C I M H O R R E E S Y
R A A T F O V T S S V B
Y K O E T O T E I T N W
T N J S P D R K V Z T Y
A M E B G O T T B I B X
X R V G Y G R R L M L R
```

*Finally, <u>brothers</u>, <u>rejoice</u>. <u>Aim</u> for <u>restoration</u>, <u>comfort</u> one <u>another</u>, <u>agree</u> with one another, <u>live</u> in <u>peace</u>; and the <u>God</u> of <u>love</u> and peace will be with you. <u>Greet</u> one another with a <u>holy</u> <u>kiss</u>.*

BROTHERS    LIVE
REJOICE    PEACE
AIM    GOD
RESTORATION    LOVE
COMFORT    GREET
ANOTHER    HOLY
AGREE    KISS

# Galatians 2:20

```
D E I F I C U R C
F C E L L G H D Z
L H V W O S O R Q
E R I H E V E D L
S I L L T G E G Z
M S F I N I A D N
I T O O F V A J K
H G L N E E V F Z
```

I have been _crucified_ with _Christ_. It is no _longer_ I who _live_, but Christ who lives in me. And the _life_ I now live in the _flesh_ I live by _faith_ in the _Son_ of God, who _loved_ me and _gave_ _himself_ for me.

| | |
|---|---|
| CRUCIFIED | FAITH |
| CHRIST | SON |
| LONGER | GOD |
| LIVE | LOVED |
| LIFE | GAVE |
| FLESH | HIMSELF |

# Galatians 5:5-6

```
H N M R G Y M S K D W T R
G G Y V N B V X P L Z I C
U C H R I S T L W I G I G
O M M Y F S E R B H R N J
R B B A T A M E T C I I M
H R I N G G L E U S W T T
T T U E D J O M S L D D Q
H O R X S U C E A Z A Z Y
C L M U S I R W W J T V E
Y J S N S P E N A N G P B
J E E I X V L Z I L O D T
J S O E O B R L T H Y R M
S N J L R L D P K L P G T
```

*For through the Spirit we eagerly await by faith the righteousness for which we hope. For in Christ Jesus neither circumcision nor uncircumcision has any value. The only thing that counts is faith expressing itself through love.*

| | |
|---|---|
| THROUGH | CHRIST |
| SPIRIT | JESUS |
| EAGERLY | CIRCUMCISION |
| AWAIT | VALUE |
| FAITH | COUNTS |
| RIGHTEOUSNESS | EXPRESSING |
| HOPE | LOVE |

# Ephesians 1:5-6

```
Y G D P R A I S E D R N
M L T E R R J E C A R G
X O B X W E G H G O O D
E R R E S O I N N X D Q
R I Y U L L T O B E M M
U O S L D O I S N Q T R
S U M R E T V I E S X W
A S E B P E T E I B W T
E N Y O Y S R R D I R V
L Q D T E P H F L T Q P
P A R D L C P L P L G L
```

*He destined us for adoption as his children through Jesus Christ, according to the good pleasure of his will, to the praise of his glorious grace that he freely bestowed on us in the Beloved.*

| | |
|---|---|
| DESTINED | WILL |
| ADOPTION | PRAISE |
| CHILDREN | GLORIOUS |
| JESUS | GRACE |
| CHRIST | FREELY |
| GOOD | BESTOWED |
| PLEASURE | BELOVED |

# Ephesians 2:4-7

```
T R G Y E S U S E J R B
H R A Q A C L T Y M K G
E R E I Y L A L R P Z T
A V W S S L I R K Y O R
V D K G P E Y V G G N B
E G N I R A D C E G S J
N C R G N J S T R A O E
L H X E K D H S V E V D
Y R T L A E N E E O M M
R I C H R T D E L S M Q
W S Y G P D X G S L M Q
L T B K J M N T L S X B
```

*But <u>God</u>, who is <u>rich</u> in <u>mercy</u>, out of the <u>great</u> <u>love</u> with which he loved us even when we were dead through our <u>trespasses</u>, made us <u>alive</u> <u>together</u> with <u>Christ</u>—by <u>grace</u> you have been <u>saved</u>— and <u>raised</u> us up with him and seated us with him in the <u>heavenly</u> places in Christ <u>Jesus</u>, so that in the ages to come he might show the immeasurable riches of his grace in <u>kindness</u> toward us in Christ Jesus.*

| | |
|---|---|
| GOD | CHRIST |
| RICH | GRACE |
| MERCY | SAVED |
| GREAT | RAISED |
| LOVE | HEAVENLY |
| TRESPASSES | JESUS |
| ALIVE | KINDNESS |
| TOGETHER | |

# Ephesians 2:12b-13

```
L D O O L B Y K R C
J I W W H T G A H Z
E R V O I D B R W T
S L P E L T I T H A
U E D R D S H G L D
S D O D T G U O E N
E W G W U O R T U B
C V J O R R I A V T
N V R H P N A R E N
O B T W U R Z F N N
```

You *lived* in this *world* *without* *God* and without *hope*. But now you have been *united* with *Christ* *Jesus*. *Once* you were *far* *away* from God, but now you have been *brought* *near* to him *through* the *blood* of Christ.

| | |
|---|---|
| LIVED | ONCE |
| WORLD | FAR |
| WITHOUT | AWAY |
| GOD | BROUGHT |
| HOPE | NEAR |
| UNITED | THROUGH |
| CHRIST | BLOOD |
| JESUS | |

# Ephesians 3:16-17

```
U S T R E N G T H T B
C N D H E A R T S M Y
H L L Z G E R G Q R R
R O M I W N L O E M R
I V N O M O O S O E L
S E P T R I O R N T T
T M W I I U T N T R S
E P O O R R I E U S E
J U R C R Y I S D M J
S R E A N G T P O Q G
L S J N Y X J H S L D
```

I _pray_ that from his _glorious_, _unlimited_ _resources_ he will _empower_ you with _inner_ _strength_ through his _Spirit_. Then _Christ_ will make his _home_ in your _hearts_ as you _trust_ in him. Your _roots_ will _grow_ down into God's _love_ and keep you _strong_.

PRAY
GLORIOUS
UNLIMITED
RESOURCES
EMPOWER
INNER
STRENGTH
SPIRIT

CHRIST
HOME
HEARTS
TRUST
ROOTS
GROW
LOVE
STRONG

# Ephesians 3:18-19

```
U J C H R I S T D E D Q
H N R O B J Z E X W P L
S I D P M M E P L X L T
R S G E D P E F U L L Y
E L E H R R L D M A D E
W O R N I S T E I Q G B
O N W E L A T E T W B J
P G N I E L V A Q E R L
Z C F R L O U J N P V K
E E G Y L K L F M D Z W
```

And may you have the power to understand, as all God's people should, how wide, how long, how high, and how deep his love is. May you experience the love of Christ, though it is too great to understand fully. Then you will be made complete with all the fullness of life and power that comes from God.

POWER

UNDERSTAND

WIDE

LONG

HIGH

DEEP

LOVE

EXPERIENCE

CHRIST

GREAT

FULLY

MADE

COMPLETE

FULLNESS

LIFE

# Ephesians 4:1-3

```
G R P W R L G W D H Q R L
C E P A O E O T U R P T L
A N N R T R N M G B R L Q
L O D T T I I N E C A E P
L S E H L L E A A Y N Y Y
I I Y A I E R N T M N N L
N R L T G I N I C K Z L T
G P Y O N E N E L E N Y Y
L P R G V U R A S B O N D
M V J G Z E W B X S Q V N
```

*I therefore, a <u>prisoner</u> for the <u>Lord</u>, urge you to <u>walk</u> in a <u>manner</u> <u>worthy</u> of the <u>calling</u> to which you have been called, with all <u>humility</u> and <u>gentleness</u>, with <u>patience</u>, <u>bearing</u> with one another in <u>love</u>, <u>eager</u> to maintain the <u>unity</u> of the Spirit in the <u>bond</u> of <u>peace</u>.*

PRISONER
LORD
WALK
MANNER
WORTHY
CALLING
HUMILITY
GENTLENESS

PATIENCE
BEARING
LOVE
EAGER
UNITY
BOND
PEACE

# Ephesians 4:15-16

```
R N J N D X D W V E B M W K
Z T X J R M B B O S V H B G
E Q U I P P E D P R O O C P
S E I B Y B T E Z L K H L N
D V L T O D A R E B R I X L
L E T D S K E Y U I K W N J
I R Y O I E V N S T W O R G
U Y D N G K L T I M H W L X
B V G A E M F D O Z G N T
K N J T E J T D Z Y J R B Z
W K W D Z H R H P R Q T L L
Q Y B R T L T K E P T V Y B
J L T N D D G G L R T Y Y Q
```

*Rather, <u>speaking</u> the <u>truth</u> in <u>love</u>, we are to <u>grow</u> up in <u>every</u> way into him who is the <u>head</u>, into <u>Christ</u>, from whom the <u>whole</u> <u>body</u>, <u>joined</u> and held <u>together</u> by every joint with which it is <u>equipped</u>, when each part is <u>working</u> properly, makes the body grow so that it <u>builds</u> <u>itself</u> up in love.*

| | |
|---|---|
| SPEAKING | BODY |
| TRUTH | JOINED |
| LOVE | TOGETHER |
| GROW | EQUIPPED |
| EVERY | WORKING |
| HEAD | BUILDS |
| CHRIST | ITSELF |
| WHOLE | |

# Ephesians 5:1-2

```
N Z T E V A G E X I M E
E T X H Z D V L M G C T
R R N J E O O I Q I B H
D B O A L R T G F J I L
L R F P R A E I R M M C
I B F Q T G R F S Z H D
H Q E O P C A E O R M T
C N R L A J L R I R Q R
W S I S O F L S F P E L
A L N R Q V T K K G V T
L J G Y K R E M B L Z L
K R J V T B J D J T M Q
```

Therefore be imitators of God, as beloved children. And walk in love, as Christ loved us and gave himself up for us, a fragrant offering and sacrifice to God.

THEREFORE
IMITATORS
GOD
BELOVED
CHILDREN
WALK
LOVE

CHRIST
GAVE
HIMSELF
FRAGRANT
OFFERING
SACRIFICE

# Ephesians 6:23-24

```
H Y Z X J D N R Q M P V N I
Y T J B V B T M K B V L N M
P K I L M B W Z B D D C C X
B Y Q A R L D R O R O H Y G
T V D B F V O G X R R L Z Y
E C A R G T Q V R I L O V E
J F A T H E R U S J L Z W L
Y Y L E W V P T K L E Z N B
R T R N D T E L A Q D S D Z
Z S R M I D A M K Y T R U R
T R M B T L C Z N Y O X X S
V R L R D W E L W L D N Y M
Y E L J X T W T N W K L W W
```

*Peace* be to the *brothers*, and *love* with *faith*, from *God* the *Father* and the *Lord Jesus Christ*. *Grace* be with *all* who love our Lord Jesus Christ with love *incorruptible*.

| | |
|---|---|
| PEACE | LORD |
| BROTHERS | JESUS |
| LOVE | CHRIST |
| FAITH | GRACE |
| GOD | ALL |
| FATHER | INCORRUPTIBLE |

# Philippians 1:9-11

```
S S E N S U O E T H G I R
D A G L M B R T Z Y Y B M
I B D T R E Y A R P B P X
S O E E N R T O F L Y A L
C U L S P E L S A R P D E
E N W I J G L M I P U V Z
R D O A Y E E L R R O I B
N V N R Q L S O E L H B T
M N K P E M V U E C X C N
E B R S N E M D S R X Y Z
N X S T Y O T N P X U E W
T J B Q R L L R M G Z P V
P D M E Z J R Q P N R R D
```

*And it is my <u>prayer</u> that your <u>love</u> may <u>abound</u> <u>more</u> and more, with <u>knowledge</u> and all <u>discernment</u>, so that you may <u>approve</u> what is <u>excellent</u>, and so be <u>pure</u> and <u>blameless</u> for the day of <u>Christ</u>, filled with the <u>fruit</u> of <u>righteousness</u> that comes through <u>Jesus</u> Christ, to the <u>glory</u> and <u>praise</u> of God.*

PRAYER
LOVE
ABOUND
MORE
KNOWLEDGE
DISCERNMENT
APPROVE
EXCELLENT
PURE

BLAMELESS
CHRIST
FRUIT
RIGHTEOUSNESS
JESUS
GLORY
PRAISE

# Philippians 2:1-2

```
T N E M E G A R U O C N E
T Q E Z C G N I R A H S Z
J E K T D O N M K M C N M
C T N N E O M V V O L L Z
Q H Y D M L S F M R Q G R
U X R M E M P P O E V O L
D N O I D R A M I R X Y G
N C I N S S N E O R T X D
I Y M T S T M E O C I P R
M O Q I E A B N S Q M T Q
L J O D S D E L N S J Y N
B N Y Y T Z Q Q N X P M D
```

Therefore if you have any _encouragement_ from being _united_ with _Christ_, if any _comfort_ from his _love_, if any _common sharing_ in the _Spirit_, if any _tenderness_ and _compassion_, then make my _joy complete_ by being like-minded, having the _same_ love, being _one_ in spirit and of one _mind_.

| | |
|---|---|
| ENCOURAGEMENT | TENDERNESS |
| UNITED | COMPASSION |
| CHRIST | JOY |
| COMFORT | COMPLETE |
| LOVE | SAME |
| COMMON | ONE |
| SHARING | MIND |
| SPIRIT | |

# Philippians 3:20-21

```
P Y J E S U S L J R Y J
I G L R Z L T D Y G S Q
H N L R N X Y L Z E J B
S T Y O E K T L L X W Y
N C R S R G N B W Y M J
E O C A B I A E R O J J
Z N H V N N O E V A L B
I T R I E S W U W A O N
T R I O Y O F A S D E L
I O S R P K I O I T O H
C L T T R T R E R R B G
B J G D Q L S Q D M M G
```

*But our <u>citizenship</u> is in <u>heaven</u>. And we <u>eagerly</u> <u>await</u> a <u>Savior</u> from there, the <u>Lord</u> Jesus Christ, who, by the <u>power</u> that <u>enables</u> him to bring everything under his <u>control</u>, will <u>transform</u> our <u>lowly</u> <u>bodies</u> so that they will be like his <u>glorious</u> body.*

CITIZENSHIP
HEAVEN
EAGERLY
AWAIT
SAVIOR
LORD
JESUS
CHRIST

POWER
ENABLES
CONTROL
TRANSFORM
LOWLY
BODIES
GLORIOUS

# Colossians 1:13-14

```
T V M K Y G X R J R P F D J
D R L O Y Y W Y E M O X K V
E X A N D B D D K R L Y X Q
U T G N L G E A G N Y K K R
C T B X S M N I R R L N P Z
S B L J P F V I M K E L N M
E N E T D E E O K J N W G M
R Y I L N G R R S T T E O N
V O N E O F O N R T N S S P
N G S D V V I T T E Y O Y S
X S D L M S E B N X D N P J
R T R B M Z X D K I G Y K V
```

*He has <u>rescued</u> us <u>from</u> the <u>power</u> of <u>darkness</u> and <u>transferred</u> us <u>into</u> the <u>kingdom</u> of his <u>beloved</u> <u>Son</u>, in whom we have <u>redemption</u>, the <u>forgiveness</u> of <u>sins</u>.*

| | |
|---|---|
| RESCUED | KINGDOM |
| FROM | BELOVED |
| POWER | SON |
| DARKNESS | REDEMPTION |
| TRANSFERRED | FORGIVENESS |
| INTO | SINS |

# Colossians 2:6-7

```
E S O Q W D L H T D R T
U T S V N O T G E J H G
N R U K E U L T V A L G
I O S R R P L N B R J
T N E T O E F K O O L T
N G J R C O F L W F T K
O L H C T U T P O L B P
C I A T L S G S I W Z
N V D N I N I U Y M G K
Z E E O N A B R L O R D
D S Y X W M F L H D W Z
S R X G Z N K N Q C W Z
```

And now, just as you <u>accepted</u> <u>Christ</u> <u>Jesus</u> as your <u>Lord</u>, you must <u>continue</u> to <u>follow</u> him. Let your <u>roots</u> <u>grow</u> <u>down</u> into him, and let your <u>lives</u> be <u>built</u> on him. Then your <u>faith</u> will grow <u>strong</u> in the <u>truth</u> you were taught, and you will <u>overflow</u> with <u>thankfulness</u>.

| | |
|---|---|
| ACCEPTED | DOWN |
| CHRIST | LIVES |
| JESUS | BUILT |
| LORD | FAITH |
| CONTINUE | STRONG |
| FOLLOW | TRUTH |
| ROOTS | OVERFLOW |
| GROW | THANKFULNESS |

# Colossians 3:14-15

```
D B X E T O G E T H E R R M
V H D K C Z M C Z Y Z T Y R
D R E G C A R N A J N M M R
K T B A H M E C B L P N X T
S Z J V R G V P L E L L W M
V D M T I T R M R O U E J T
D R N K S Y S F H F T D D V
N P R I T X E A K R P H T M
T Q M R B C R N Z Z P G E Y
V L U B T M A L O V E Z D O
G L V J O H T B L Y L O N G
E J W N T J M T G M B E T B
Y T Y V P G Y J W P N D Q K
```

Above all, _clothe_ yourselves with _love_, which _binds_ everything _together_ in _perfect_ harmony. And let the _peace_ of _Christ_ _rule_ in your _hearts_, to which indeed you were _called_ in the _one_ body. And be _thankful_.

| | |
|---|---|
| CLOTHE | CHRIST |
| LOVE | RULE |
| BINDS | HEARTS |
| TOGETHER | CALLED |
| PERFECT | ONE |
| HARMONY | BODY |
| PEACE | THANKFUL |

# Colossians 3:16

```
S P S A L M S Y D B G
N P K M Y S T E Z O K
V L I Q O T T S V M G
T E S R L D E R E I Y
H S S N I V S S A V G
A N E M I T S I C E S
N U N L H A U H W N H
K O H F G C R A M L S
F C C E I I A Y L I M
U D I Y S L H E N T W
L J R T K M L G T W X
```

*Let the <u>message</u> about <u>Christ</u>, in all its <u>richness</u>, <u>fill</u> your <u>lives</u>. <u>Teach</u> and <u>counsel</u> each other with all the <u>wisdom</u> he <u>gives</u>. <u>Sing</u> <u>psalms</u> and <u>hymns</u> and <u>spiritual</u> songs to <u>God</u> with <u>thankful</u> <u>hearts</u>.*

MESSAGE

CHRIST

RICHNESS

FILL

LIVES

TEACH

COUNSEL

WISDOM

GIVES

SING

PSALMS

HYMNS

SPIRITUAL

GOD

THANKFUL

HEARTS

# 1 Thessalonians 5:8-9

```
R M N P Z Q S M X R D Z M Z
N D N J Z D U H N Q D Z S B
E T A L P T S A E R B A B E
W A E H D N E P T L L D V B
R J P R T N J S R V M I K P
A L O P D I I L A P E E Z M
T L H O O R A T W C Z R T S
H Y G E H I I F E X E J O G
K M V C D O N R P F N B X V
J O X P N R R T F W E P X K
L N K B M R Q U V R T R W B
L G Z T R N S K M K Y P J D
```

But since we belong to the day, let us be <u>sober</u>, putting on <u>faith</u> and <u>love</u> as a <u>breastplate</u>, and the <u>hope</u> of <u>salvation</u> as a <u>helmet</u>. For <u>God</u> did not <u>appoint</u> us to <u>suffer</u> <u>wrath</u> but to <u>receive</u> salvation through our <u>Lord</u> <u>Jesus</u> <u>Christ</u>.

SOBER

FAITH

LOVE

BREASTPLATE

HOPE

SALVATION

HELMET

GOD

APPOINT

SUFFER

WRATH

RECEIVE

LORD

JESUS

CHRIST

# 2 Thessalonians 2:16-17

```
M D Q L X D P D R E E X V
T S I R H C E G V N Q L L
M U B Z G E Q E C S M D G
V S N R D Y R O T D E T J
R E V D T Y U R H V R G Z
M J Z W Q R E S O O R O G
Q L B M A N F L T A P A L
W A M G G Q A W C R V E J
R N E T M Z T E O E A B Z
K R H D J V H D Y R T E V
T E J M O R E R O J D L H
N T Z P W O R L Q G K Q B
L E B X V R G Y M D J B J
```

*May our <u>Lord</u> <u>Jesus</u> <u>Christ</u> himself and <u>God</u> our <u>Father</u>, who <u>loved</u> us and by his <u>grace</u> <u>gave</u> us <u>eternal</u> encouragement and <u>good</u> <u>hope</u>, <u>encourage</u> your <u>hearts</u> and <u>strengthen</u> you in <u>every</u> good <u>deed</u> and <u>word</u>.*

LORD
JESUS
CHRIST
GOD
FATHER
LOVED
GRACE
GAVE
ETERNAL

GOOD
HOPE
ENCOURAGE
HEARTS
STRENGTHEN
EVERY
DEED
WORD

# 2 Thessalonians 3:5

```
J G J L W B L R W N J D Z L
E C N A R E V E S R E P O P
B D Q Q T T B G L D C W W G
C N I D M X Y D T O G N N L
J O R R Y Z B R N T K G J D
B L N R E T K T Y A W N M J
N Q N F H C I N T Q M Q V D
H V G I I N T S L Y N M Q T
R E N Z U D I Q K O L Z O V
R G A E D R E T J D R K J C
S E B R H O T N G N N D W X
W V N C T R I T C Y J T R Y
Y O T Y R S L N Q E K T T N
J L B Z Y L Y Y G T D V R B
```

We have _confidence_ in the _Lord_ that you are _doing_ and will _continue_ to do the _things_ we _command_. May the Lord _direct_ your _hearts_ into _God's_ _love_ and _Christ's_ _perseverance_.

CONFIDENCE

LORD

DOING

CONTINUE

THINGS

COMMAND

DIRECT

HEARTS

GOD

LOVE

CHRIST

PERSEVERANCE

# 1 Timothy 1:5

```
C R F L L G V N N R D P
H D Y A M D K D J J W T
A X E I I K X T R Q B L
R E A C M T R E V O L T
G R W T N A H R B X Z M
E U J E E R X V Y B V
L P Q H R Y I I R N B G
L Y N L G E S C N J G B
Z L B Y K S C N S O D B
L Z Z Z U M M N O N W R
N J R E W Y X D I R O T
N X S K R Y J L Z S Z C
```

*The <u>aim</u> of our <u>charge</u> is <u>love</u> that <u>issues</u> from a <u>pure</u> <u>heart</u> and a <u>good</u> <u>conscience</u> and a <u>sincere</u> <u>faith</u>.*

| | |
|---|---|
| AIM | HEART |
| CHARGE | GOOD |
| LOVE | CONSCIENCE |
| ISSUES | SINCERE |
| PURE | FAITH |

# 1 Timothy 1:14-15

```
A D E R U O P L F P D J T
C Y R C G N T W B U Q J N
C A N O A S O M K T L A L
E M M V L R R W K K B L Y
P V Y E L K G E Q U L B Q
T E O D G B R J N T M V Q
A V M L R F E D S N T D Y
N A N B N S A I D D I D Y
C S D P U N R I W O R S T
E J B S T H N V T M T X Q
V J Z L C L P L G H D D W
J V Y P N D M Y N T W Y L
```

The *grace* of our *Lord* was *poured* out on me *abundantly*, along with the *faith* and *love* that are in *Christ Jesus*. Here is a trustworthy saying that deserves *full acceptance*: Christ Jesus *came* into the *world* to *save sinners*—of whom I am the *worst*.

GRACE
LORD
POURED
ABUNDANTLY
FAITH
LOVE
CHRIST
JESUS

FULL
ACCEPTANCE
CAME
WORLD
SAVE
SINNERS
WORST

# 1 Timothy 2:3-6

```
E E F G N Z N R R H V S V D
L S R D M R I Z U J E J R X
I A E X O G O M W S M D O G
C H E K H O A T A D N K E N
N C D T Z N G E A A N G M L
O R O Y I X L T T I A L Y X
C U M T M P J S S S D X Y T
E P Y Y D T R A S I N E T R
R P Y L R E V E D R R Y M B
B N P U D I M R J L L H M P
K B T N O S U S E J R Z C N
Q H U R J R B L T L X O K B
Q Y M R M Y T J J J G X W L
```

*This is <u>good</u> and <u>pleases</u> <u>God</u> our <u>Savior</u>, who wants everyone to be saved and to <u>understand</u> the <u>truth</u>. For, There is one God and one <u>Mediator</u> who can <u>reconcile</u> God and <u>humanity</u>— the man <u>Christ</u> <u>Jesus</u>. He gave his life to <u>purchase</u> <u>freedom</u> for everyone. This is the <u>message</u> God gave to the <u>world</u> at just the <u>right</u> time.*

GOOD
PLEASES
GOD
SAVIOR
UNDERSTAND
TRUTH
MEDIATOR
RECONCILE

HUMANITY
CHRIST
JESUS
PURCHASE
FREEDOM
MESSAGE
WORLD
RIGHT

# 2 Timothy 1:9

```
G S A V E D E C A R G
N E N E D H D M G B D
I N S M S E O N I T T
H O P O L U I L S T Q
T D V L P N A I Y B L
Y J A G N R R C E B V
N C E I I H U F E L B
A W G S C V O P I B G
Y E O M U R E F Q M N
B M Q L E S E N W V N
```

He has _saved_ us and _called_ us to a _holy_ _life_—not _because_ of _anything_ we have _done_ but because of his _own_ _purpose_ and _grace_. This grace was _given_ us in _Christ_ _Jesus_ _before_ the _beginning_ of _time_.

SAVED

CALLED

HOLY

LIFE

BECAUSE

ANYTHING

DONE

OWN

PURPOSE

GRACE

GIVEN

CHRIST

JESUS

BEFORE

BEGINNING

TIME

# 2 Timothy 1:10

```
X Y Y D D P R J N D Q D D G D
J M W G Z E Z D Z P B N P K C
N Y T I L A T R O M M I S H W
P J N E N L B A B Y K A R O Z
R L E P F Q W K N T V I N J N
B J A S A I V G Y I S Y M W J
H J J I U P L Y O T M A T M M
N T W Q N S P R G N D U E Q M
Z M A N Q W L E M E Z K L R Z
W R W E E L L V A P O T M L L
L R Z Z D W Z B O R N N R J I
N M Z L Y N S W B Y I G O O D
Y A W J T D E M P J J N M L Y
X Y R D D R Y K D N Y Y G W N
```

*And <u>now</u> he has <u>made</u> all of this <u>plain</u> to us by the <u>appearing</u> of <u>Christ</u> <u>Jesus</u>, our <u>Savior</u>. He <u>broke</u> the <u>power</u> of <u>death</u> and <u>illuminated</u> the <u>way</u> to <u>life</u> and <u>immortality</u> through the <u>Good</u> <u>News</u>.*

| | |
|---|---|
| NOW | POWER |
| MADE | DEATH |
| PLAIN | ILLUMINATED |
| APPEARING | WAY |
| CHRIST | LIFE |
| JESUS | IMMORTALITY |
| SAVIOR | GOOD |
| BROKE | NEWS |

# 2 Timothy 1:13-14

```
S Y D N I H T I W G O O D
L O L E W O L L O F K M N
L T U O T S U S E J N L P
R Z B N H S D L T T D J R
G U A R D W U L I E Z L D
P A T T E R N R P H T K M
S Y W L Y D I O T S B J R
M D L T R P S I I N W G M
L S R A S I A R R G E Y L
X N E O T F H L O V E D T
T H J J W C M L M R X R L
```

*Follow the pattern of the sound words that you have heard from me, in the faith and love that are in Christ Jesus. By the Holy Spirit who dwells within us, guard the good deposit entrusted to you.*

FOLLOW          HOLY
PATTERN         SPIRIT
SOUND           DWELLS
WORDS           WITHIN
HEARD           GUARD
FAITH           GOOD
LOVE            DEPOSIT
CHRIST          ENTRUSTED
JESUS

# Hebrews 6:11

```
K D R K L G L G B Y V J
M X E A G O N Q E M O C
J E S S V R S O E F I L
P T D I I R E D L Q D B
S N N C E R T A I N V D
M G D H E T E Z T B N K
A R T D P R D T P G V Z
K O R X O U D B Y L R X
E O D D H E L G T J L W
```

*Our <u>great</u> <u>desire</u> is that you will <u>keep</u> on <u>loving</u> <u>others</u> as <u>long</u> as <u>life</u> <u>lasts</u>, in <u>order</u> to <u>make</u> <u>certain</u> that what you <u>hope</u> for will <u>come</u> <u>true</u>.*

| | |
|---|---|
| GREAT | LASTS |
| DESIRE | ORDER |
| KEEP | MAKE |
| LOVING | CERTAIN |
| OTHERS | HOPE |
| LONG | COME |
| LIFE | TRUE |

# Hebrews 7:18-19

```
D G T N E M D N A M M O C
E N K Y H N G V W T V X L
C Z E O N J B E T Z R T R
U Z P A W L A V D W Z R B
D E J A R K P E R F E C T
O J L T N G F O R M E R A
R R R E T T E B H W Z S D
T M S D O G W D A A I Y W
N S N D K P M R D D N R N
I D L J Y Z D P E R T D D
```

*For on the one <u>hand</u>, a <u>former</u> <u>commandment</u> is set <u>aside</u> because of its <u>weakness</u> and uselessness (for the <u>law</u> made nothing <u>perfect</u>); but on the other hand, a <u>better</u> hope is <u>introduced</u>, through which we <u>draw</u> <u>near</u> to <u>God</u>.*

HAND
FORMER
COMMANDMENT
ASIDE
WEAKNESS
LAW
PERFECT

BETTER
HOPE
INTRODUCED
DRAW
NEAR
GOD

# Hebrews 7:24-26

```
D T V Y P J R R Y J D
T O I N T E R C E D E
H F O S U S E J J N P
R L L H F O R E V E R
O A Q A T M C Y X G N
U S Z R H S M O O V R
G T Y A E E D M S N
H S B V C L B I A E W
B L I N L P Z V R D D
E L O G J V E M J P J
```

But because _Jesus_ _lives_ _forever_, his _priesthood_ _lasts_ forever. Therefore he is _able_, _once_ and forever, to _save_ those who _come_ to _God_ _through_ him. He lives forever to _intercede_ with God on their _behalf_.

| | |
|---|---|
| JESUS | SAVE |
| LIVES | COME |
| FOREVER | GOD |
| PRIESTHOOD | THROUGH |
| LASTS | INTERCEDE |
| ABLE | BEHALF |
| ONCE | |

# Hebrews 9:24

```
S T B X E N H O L Y
D R R E E C C Y A L L
N U R V H H A P Y N
A E A E R A P L D R
H E R I T E L E P L
H U S O A N D F C L
T T M R F A E O N L
D O G A M E P B R D
T T B N N Y B R D K
```

For <u>Christ</u> did not <u>enter</u> into a <u>holy place</u> <u>made</u> with <u>human</u> <u>hands</u>, which was only a <u>copy</u> of the <u>true</u> one in <u>heaven</u>. He entered into heaven itself to <u>appear</u> now <u>before</u> God on our <u>behalf</u>.

| | |
|---|---|
| CHRIST | COPY |
| ENTER | TRUE |
| HOLY | HEAVEN |
| PLACE | APPEAR |
| MADE | BEFORE |
| HUMAN | GOD |
| HANDS | BEHALF |

# Hebrews 10:23-25

```
G N I H C A O R P P A T D V X
F N P R O F E S S J N X L J Y
A R I U N S W E R V I N G L Y
I E V G W D S H P N D B P L K
T H G M A P E R O R Y B Q Y D
H T D N U R O E A P G Q M K X
F O L R I M U W D O E J J Z L
U N O E I T O O O S R X B X M
L A H S V T E D C B N V Z L R
N J E R T O W E R N M R N Y L
J D K B Q R L M M Y E T T R W
```

*Let us hold unswervingly to the hope we profess, for he who promised is faithful. And let us consider how we may spur one another on toward love and good deeds, not giving up meeting together, as some are in the habit of doing, but encouraging one another—and all the more as you see the Day approaching.*

| | |
|---|---|
| HOLD | TOWARD |
| UNSWERVINGLY | LOVE |
| HOPE | GOOD |
| PROFESS | DEEDS |
| PROMISED | MEETING |
| FAITHFUL | ENCOURAGING |
| SPUR | APPROACHING |
| ANOTHER | |

# 1 Peter 1:3-6

```
R D G M M Y G T D R O L
L E R I C T R N E D I M
R M S R V H S H I N R B
L E E U T E T I H V R V
B M V R R A N E R D I S
H S I E F R R J D H U L
S B P H N I E D E S C Z
I L O O T W S C E D M Y
R P Z A I Y I J T M A G
E D N Y T L A G M I T F
P C M P R Q R D R W O W
E M X D V T P N D N P N
```

_Praise_ be to the God and _Father_ of our _Lord_ _Jesus_ _Christ!_ In his great _mercy_ he has _given_ us new _birth_ into a _living_ hope through the _resurrection_ of Jesus Christ from the dead, and into an _inheritance_ that can _never_ _perish_, _spoil_ or _fade_.

| | |
|---|---|
| PRAISE | LIVING |
| FATHER | HOPE |
| LORD | RESURRECTION |
| JESUS | INHERITANCE |
| CHRIST | NEVER |
| MERCY | PERISH |
| GIVEN | SPOIL |
| BIRTH | FADE |

# 1 Peter 1:8-9

```
O Q W T X V R L Y W J N I Y
M U D R O B Z L Y T T N B Y
E N T N Q B T V Q M E Z R B
T V M C T Q T J L X J O Y S
R D O L O X M A P D L M L Z
N X P L T M K R I G P U D D
K O Q Q N V E J L N O Y E Z
E G I O R S R H Q S I L M Q
V X W T S N T E E Z L N T J
E Z T I A I X E J I Y N G Y
I N B Z A V N B F O Y Q R N
L L Z F B T L K Z Q I N G L
E K R M R J T A M K R C J N
B Y J Q X M L P S D T R E N
```

*Though you have not <u>seen</u> him, you <u>love</u> him. Though you do not <u>now</u> see him, you <u>believe</u> in him and <u>rejoice</u> with <u>joy</u> that is <u>inexpressible</u> and <u>filled</u> with <u>glory</u>, <u>obtaining</u> the <u>outcome</u> of your <u>faith</u>, the <u>salvation</u> of your <u>souls</u>.*

| | |
|---|---|
| SEEN | FILLED |
| LOVE | GLORY |
| NOW | OBTAINING |
| BELIEVE | OUTCOME |
| REJOICE | FAITH |
| JOY | SALVATION |
| INEXPRESSIBLE | SOULS |

# 1 Peter 1:18-19

```
D E M E E D E R Z H P W M
S U O I C E R P S E L N T
R R Y M F X C I R Y T R L
O Z E I J H M I Z C D V N
T Y L V R E S D E K N O W
S R P I L H B F L Z M L J
E G S B A I E L E O B Z Y
C T N B Q D S M O M G B M
N M L I V D P B A O X L Y
A E X Y H T M L D Z D V L
Y T J N Y T B T Y N N M V
```

For you _know_ that it was not with _perishable_ _things_ such as _silver_ or _gold_ that you were _redeemed_ from the _empty_ way of _life_ handed down to you from your _ancestors_, but with the _precious_ _blood_ of _Christ_, a _lamb_ without _blemish_ or _defect_.

| | |
|---|---|
| KNOW | ANCESTORS |
| PERISHABLE | PRECIOUS |
| THINGS | BLOOD |
| SILVER | CHRIST |
| GOLD | LAMB |
| REDEEMED | BLEMISH |
| EMPTY | DEFECT |
| LIFE | |

# 1 Peter 1:23

```
Q R E N Y L T M V L L
U S E T A L R L G P B
I W E S E E T O R N J
C N T M V R D R L Y T
K N I E O G N I V I L
L L R A X C F A D P Z
Y O D O G E L R L Z D
F D P N B A O G T N B
J B M N E W J M Y P P
```

For you have been *born* *again*, but not to a *life* that will *quickly* *end*. Your *new* life will *last* *forever* because it *comes* from the *eternal*, *living* *word* of *God*.

| | |
|---|---|
| BORN | FOREVER |
| AGAIN | COMES |
| LIFE | ETERNAL |
| QUICKLY | LIVING |
| END | WORD |
| NEW | GOD |
| LAST | |

# 1 Peter 4:7-8

```
X Q N Y L P E E D T B R N Y
S R E V O C N T N M R Z G L
Y B J Y T J N R G Y K E O M
T M A J A V Z J K E G V L Y
N R W B L Y T K D T E Z K A
P V O B L Y Y U M B N L Z E
V V D K J R T M S G D T N V
E Q G L A I R R T G M D N Z
D J W E T S O B E R N I Y M
Q Z N L N T R T R B P I N D
N T U S Y R D E H N M V H D
T M Q I M K H Y W C R G T T
B T R N V T B X R Q A Q T R
J Z N S O T Q P G Q Q E Z M
```

The end of all things is near. Therefore be alert and of sober mind so that you may pray. Above all, love each other deeply, because love covers over a multitude of sins.

| | |
|---|---|
| END | ABOVE |
| ALL | LOVE |
| THINGS | EACH |
| NEAR | OTHER |
| ALERT | DEEPLY |
| SOBER | COVERS |
| MIND | MULTITUDE |
| PRAY | SINS |

# 1 Peter 5:6-7

```
N V G R K Z Y B U D P M D
N Y B P X M P B Q N O M L
S E V L E S R U O Y D G X
A H X L L A B G J H N E L
C N U A M W G B A M T J R
A R X M L W R N I R Z G S
S E N I B T D G T I M E Z
T P Z N E L H G W X R J T
I O M M M T E D Y A D R Y
N R B V Y V I Y C R G R J
G P Y P D Z Z E K R W N Q
D V J T K G D N S L R B R
```

*Humble yourselves, therefore, under the mighty hand of God so that at the proper time he may exalt you, casting all your anxieties on him, because he cares for you.*

| HUMBLE | TIME |
| YOURSELVES | EXALT |
| UNDER | CASTING |
| MIGHTY | ALL |
| HAND | ANXIETIES |
| GOD | CARES |
| PROPER | |

# 1 Peter 5:10

```
S N C H R I S T K L P
T X O B E U J I N S Q
R G M I P L N E U G L
E L R P T D T F S A R
N O O C N A F T N U E
G R R E A E D R I R S
T Y S E R L E N O L E
H S K E T T L T U R Y
E K D K E F S E A O G
N M R I F E A H D O F
G N X Y R Y S Q D P T
```

*In his <u>kindness</u> <u>God</u> <u>called</u> you to <u>share</u> in his <u>eternal</u> <u>glory</u> by means of <u>Christ</u> <u>Jesus</u>. So <u>after</u> you have <u>suffered</u> a <u>little</u> while, he will <u>restore</u>, <u>support</u>, and <u>strengthen</u> you, and he will place you on a <u>firm</u> <u>foundation</u>.*

KINDNESS
GOD
CALLED
SHARE
ETERNAL
GLORY
CHRIST
JESUS

AFTER
SUFFERED
LITTLE
RESTORE
SUPPORT
STRENGTHEN
FIRM
FOUNDATION

# 2 Peter 1:3-4

```
E  P  L  S  E  N  I  V  I  D  K
C  J  A  M  E  D  D  V  K  N  W
N  S  N  R  B  S  G  L  O  R  Y
E  B  S  L  T  R  I  W  R  S  T
L  D  B  E  E  A  L  M  U  O  G
L  L  E  A  N  E  K  O  O  R  W
E  U  T  P  D  I  I  E  A  R  P
C  F  L  G  A  C  L  N  R  O  P
X  N  E  I  E  C  T  D  W  S  J
E  I  Y  R  F  E  S  E  O  M  Y
G  S  P  Z  D  E  R  E  Z  G  V
```

His _divine_ _power_ has _granted_ to us all things that pertain to _life_ and _godliness_, through the _knowledge_ of him who called us to his own _glory_ and _excellence_, by which he has granted to us his _precious_ and very _great_ _promises_, so that through them you may become _partakers_ of the divine nature, having _escaped_ from the corruption that is in the _world_ because of _sinful_ desire.

DIVINE
POWER
GRANTED
LIFE
GODLINESS
KNOWLEDGE
GLORY
EXCELLENCE

PRECIOUS
GREAT
PROMISES
PARTAKERS
ESCAPED
WORLD
SINFUL

# 2 Peter 3:9

```
Y N P T X Y Q M M T Q D J
G V Y J K K Y N N V X K A
T E C N A T N E P E R L P
W Y H E X B I I M W L W Y
A M S N M T M J H O D M V
N P I Y A O B Q M T S L Z
T Y R P N L C T Z B M Y M
I Z E O O A Y J P Y G R Y
N D P R M S L O W P M R D
G N D Q W I T R M M Y N G
Y M J D K X S R K V Y Z R
G Y N N J L M E L Z T J N
```

*The <u>Lord</u> is not <u>slow</u> about his <u>promise</u>, as <u>some</u> <u>think</u> of slowness, but is <u>patient</u> with you, not <u>wanting</u> <u>any</u> to <u>perish</u>, but <u>all</u> to <u>come</u> to <u>repentance</u>.*

| | |
|---|---|
| LORD | WANTING |
| SLOW | ANY |
| PROMISE | PERISH |
| SOME | ALL |
| THINK | COME |
| PATIENT | REPENTANCE |

# 1 John 2:1

```
C W E N O Y N A S P W K
H N R X F S S U Y A M K
I T J I U A O I D Y T Q
L G X S T E T V N M Q W
D C E E T I O H S Z K B
R J H H L C N G E G Z B
E H G R A T N G T R L R
N I A T I I T H E S E T
R V E V H S P I S E O D
D N R T E T T B L T K D
```

*My <u>little</u> <u>children</u>, I am <u>writing</u> <u>these</u> <u>things</u> to you so that you may not <u>sin</u>. But if <u>anyone</u> <u>does</u> sin, we <u>have</u> an <u>advocate</u> with the <u>Father</u>, <u>Jesus</u> <u>Christ</u> the <u>righteous</u>.*

| | |
|---|---|
| LITTLE | DOES |
| CHILDREN | HAVE |
| WRITING | ADVOCATE |
| THESE | FATHER |
| THINGS | JESUS |
| SIN | CHRIST |
| ANYONE | RIGHTEOUS |

# 1 John 3:1

```
N R W Q K D N N J M N
D E P N N N O D D P R
E H R I T S O N M G N
L T K D A G E W Z L Y
L A T E L V D L R O W
A F R O I I S Y G Y X
C B V G G E H W D Y Z
V E W R E W G C R B X
```

See what _kind_ of _love_ the _Father_ has _given_ to us, that we should be _called_ _children_ of _God_; and so we are. The _reason_ _why_ the _world_ does not _know_ us is that it did not know him.

| | |
|---|---|
| SEE | CHILDREN |
| KIND | GOD |
| LOVE | REASON |
| FATHER | WHY |
| GIVEN | WORLD |
| CALLED | KNOW |

# 1 John 3:16

```
S K N O W T G X B T W M
I N Z D D E R X Z H Z Z
S B L R T F L X A Z M P
T T Y O L I K T Y J Q P
E S S T V L L T X P W G
R Q R I H E D A B L L L
S T K E R G R I Y N I M
P U W O H H U Y A V D N
V V S N Y T C O E L W J
L W R E Q Q O S Z O T K
Q T N J J R X R D M B L
M M M B L B D Z B M J B
```

*This is <u>how</u> we <u>know</u> <u>what</u> love is: <u>Jesus</u> <u>Christ</u> <u>laid</u> <u>down</u> his <u>life</u> for us. And we <u>ought</u> to <u>lay</u> down our <u>lives</u> for our <u>brothers</u> and <u>sisters</u>.*

| | |
|---|---|
| HOW | DOWN |
| KNOW | LIFE |
| WHAT | OUGHT |
| LOVE | LAY |
| JESUS | LIVES |
| CHRIST | BROTHERS |
| LAID | SISTERS |

# 1 John 3:17-18

```
A P N G R T Z M G Z R
S N O E R Y L L N R R
I D Y U E D W O R D N
S B T O L D H D V M J
T H J R N C T R M E L
E K O A E E Z R J M
R W G E C H A B I D E
T P P O T T S P R N L
Z S L O O E I Y P J J
J M R E E D R O Y N G
B B Y S H Y S K N D Y
```

*How does God's love abide in anyone who has the world's goods and sees a brother or sister in need and yet refuses help? Little children, let us love, not in word or speech, but in truth and action.*

GOD
LOVE
ABIDE
ANYONE
WORLD
GOODS
SEES
BROTHER

SISTER
NEED
HELP
WORD
SPEECH
TRUTH
ACTION

# 1 John 3:23

```
C O M M A N D M E N T
J E N D L Y R R C J M
M N V O Q E N H U M Z
K B N O H D R S P T T
B E E T L I T O M Y M
N L O L S D B N L R K
N N V T I J E S U S J
A S I H T E Z B B V R
M L K L L M V P B N L
E Y L W M Y K E P W N
```

*And <u>this</u> is his <u>commandment</u>, that we <u>believe</u> in the <u>name</u> of his <u>Son</u> <u>Jesus</u> <u>Christ</u> and <u>love</u> <u>one</u> <u>another</u>, <u>just</u> as he has commanded us.*

THIS

COMMANDMENT

BELIEVE

NAME

SON

JESUS

CHRIST

LOVE

ONE

ANOTHER

JUST

# 1 John 4:7-9

```
D N N N T Y N W A S R
M O L R N Y L N O T L
W A G O E Z O N H R R
H L N B S T V R O T N
O A Y I H K O L I V E
E W M E F U K N O W S
V O R O G E L R M Z D
E R T H N O S O R O D
R L T R V G R T N R J
T D D E R F N E P L L
```

Beloved, let us <u>love</u> <u>one</u> <u>another</u>, for love is <u>from</u> God, and <u>whoever</u> loves has been <u>born</u> of God and <u>knows</u> God. Anyone who does not love does not know God, because God is love. In this the love of God was made <u>manifest</u> <u>among</u> us, that God <u>sent</u> his <u>only</u> Son into the <u>world</u>, so that we might <u>live</u> <u>through</u> him.

LOVE
ONE
ANOTHER
FROM
GOD
WHOEVER
BORN
KNOWS

MANIFEST
AMONG
SENT
ONLY
SON
WORLD
LIVE
THROUGH

# 1 John 4:10-12

```
D N R R R T D J D P J D D
E L O N N X A T B W L T L
T T R I B M Y B L R J M S
C X Q Q T E L K I A B I J
E S O N S A L S N D N T K
F R D E T W I O E S E D M
R V E H Z V T T V N Y S M
E N G Q W H L M I E T L K
P U G G E K O B R P D Y P
O N O R B D V E N O O J D
G Y D D R J E K P R L R K
N B L T R Q W M V N N L P
```

*In this is <u>love</u>, not that we have loved <u>God</u> but that he loved us and <u>sent</u> his <u>Son</u> to be the <u>propitiation</u> for our <u>sins</u>. <u>Beloved</u>, if God so loved us, we also <u>ought</u> to love <u>one</u> <u>another</u>. No one has ever <u>seen</u> God; if we love one another, God <u>abides</u> in us and his love is <u>perfected</u> in us.*

LOVE
GOD
SENT
SON
PROPITIATION
SINS
BELOVED

OUGHT
ONE
ANOTHER
SEEN
ABIDES
PERFECTED

# 1 John 4:13-16a

```
C M E Y N Y S K M Y B W R
P O Y V L F L A F K N O W
P M N N E O A I V S T M L
N W T F V I T T U I T R M
M O D E E S L S H I O N D
D R S O E S E E R E E R K
Y L R T G J S I B V R N B
E D I B A R P X I S E E N
W N M W Z S G G X W X R R
```

By this we _know_ that we _abide_ in him and he in us, because he has _given_ us of his _Spirit_. And we have _seen_ and do _testify_ that the _Father_ has sent his _Son_ as the _Savior_ of the _world_. God abides in those who _confess_ that _Jesus_ is the Son of _God_, and they abide in God. So we have known and _believe_ the _love_ that God has for us.

KNOW
ABIDE
GIVEN
SPIRIT
SEEN
TESTIFY
FATHER
SON

SAVIOR
WORLD
CONFESS
JESUS
GOD
BELIEVE
LOVE

# 1 John 4:16b-17

```
E T C E F R E P B M
M C L S Q H D G O D
J R N J W I E T B W
M O R E A O N R O R
Q Y E R D E R R E Y
Q S F V M I L G A Z
L A U G I D F D Q P
D O D S R L A N R Q
R U V Z E J C D O D
J X G E Z J E R M C
```

*God is love, and all who live in love live in God, and God lives in them. And as we live in God, our love grows more perfect. So we will not be afraid on the day of judgment, but we can face him with confidence because we live like Jesus here in this world.*

| | |
|---|---|
| GOD | DAY |
| LOVE | JUDGMENT |
| LIVE | FACE |
| GROWS | CONFIDENCE |
| MORE | JESUS |
| PERFECT | HERE |
| AFRAID | WORLD |

# 1 John 4:18-19

```
T B S H O W S G T K D B R
N E T Q B J K E J E Q G M
E C B B M L X D C N Q R G
M A T G T P Q N R O T T M
H U R W E B E A T C T M V
S S L L A I E H E D L N X
I E S L R F E F Y L L U F
N K Z E T R R V N L L T Q
U T P S A E Q A O Z L R J
P X R D P C B M I L T G R
E I T B L L H N P D Z D B
F G R W M R M K W D X M
```

*Such <u>love</u> has no <u>fear</u>, because <u>perfect</u> love <u>expels</u> all fear. If we are <u>afraid</u>, it is for fear of <u>punishment</u>, and this <u>shows</u> that we have not <u>fully</u> <u>experienced</u> his perfect love. We love <u>each</u> <u>other</u> <u>because</u> he loved us <u>first</u>.*

LOVE
FEAR
PERFECT
EXPELS
AFRAID
PUNISHMENT
SHOWS

FULLY
EXPERIENCED
EACH
OTHER
BECAUSE
FIRST

# 1 John 5:13-14

```
W S R E T E R N A L M K V B
Z S W B V Y D R M S M L J L
G E B M Z E D D N R D Z D X
N N D P L T I J Q A R K R N
N D I G A S K L J E M Q L L
G L L D N R L S E H P E L R
K O V R R I Y J G B Y I L M
N B Y D F O H P X N W N X M
O T Q E W V C T J J I T M V
W M M R B N Q C Y T J H R T
D T I V O J N V A N Q D T L
Y T L S B D X Y B B A K O J
E V N V J P X D Y L W B J G
```

*I <u>write</u> these <u>things</u> to you who <u>believe</u> in the <u>name</u> of the <u>Son</u> of <u>God</u>, so that you may <u>know</u> that you have <u>eternal</u> life. And this is the <u>boldness</u> we have in him, that if we <u>ask</u> <u>anything</u> <u>according</u> to his <u>will</u>, he <u>hears</u> us.*

| | |
|---|---|
| WRITE | LIFE |
| THINGS | BOLDNESS |
| BELIEVE | ASK |
| NAME | ANYTHING |
| SON | ACCORDING |
| GOD | WILL |
| KNOW | HEARS |
| ETERNAL | |

# Jude 20-21

```
N M S D N E I R F T C N M J
E F A S M D B D Z H R E Y B
D L M M Y L J J R B R A N Q
M M G R Q J T I X C D X E L
X R J L V K S I Y R M K I D
L A N R E T E H A V Z F P B
R O B M N J O V V W E Z Y T
J D V J T L Q G D Q A G I T
Z R R E Y J K L M F D R D K
L J Y P R N T Q A Q I R X Y
B S N Z E O Y I J P Y Y O T
R U N N W N T J S A T Y M L
M S I J O H Q H R M W B W T
L E R L P W J P E V Z Y L B
K J N V D N L D V R M R V K
```

But you, _dear friends_, must _build_ each
_other_ up in your most _holy faith_, _pray_ in
the _power_ of the Holy _Spirit_, and _await_
the _mercy_ of our _Lord Jesus Christ_, who
will bring you _eternal life_. In this way, you
will keep yourselves _safe_ in God's _love_.

| | |
|---|---|
| DEAR | AWAIT |
| FRIENDS | MERCY |
| BUILD | LORD |
| OTHER | JESUS |
| HOLY | CHRIST |
| FAITH | ETERNAL |
| PRAY | LIFE |
| POWER | SAFE |
| SPIRIT | LOVE |

# Revelation 1:5b-6

```
G L O R Y S R D T
E V E R L E N W P
Y M L F W O P I E
D N O O A R V V S
O E P D I T R E M
O M E E G E H A S
L A S R S N D E P
B T M D F E I O R
S N L R N R M K G
```

To him who _loves_ us and has _freed_ us from our _sins_ by his _blood_, and has _made_ us to be a _kingdom_ and _priests_ to _serve_ his _God_ and _Father_—to him be _glory_ and _power_ for _ever_ and ever! _Amen_.

| | |
|---|---|
| LOVES | SERVE |
| FREED | GOD |
| SINS | FATHER |
| BLOOD | GLORY |
| MADE | POWER |
| KINGDOM | EVER |
| PRIESTS | AMEN |

# Revelation 3:12

```
M P M Z N N R X S Q J
E I T T E E E R Z N R
L L Q E V T E W W J M
A L S E M U I H V G T
S A N E Q P E R C G G
U R D N M A L I W N R
R G O O V O T E M A N
E C O E W Y C Y L X X
J Z N D R N B Y M Q L
```

*"The one who <u>conquers</u>, I will make him a <u>pillar</u> in the <u>temple</u> of my <u>God</u>. <u>Never</u> shall he go out of it, and I will <u>write</u> on him the <u>name</u> of my God, and the name of the <u>city</u> of my God, the <u>new</u> <u>Jerusalem</u>, which <u>comes</u> <u>down</u> from my God out of <u>heaven</u>, and my own new name."*

| | |
|---|---|
| CONQUERS | CITY |
| PILLAR | NEW |
| TEMPLE | JERUSALEM |
| GOD | COMES |
| NEVER | DOWN |
| WRITE | HEAVEN |
| NAME | |

# Revelation 3:19-20

```
E G N I K C O N K R
T N N E Y E N N E J
N L I R A E C P V T
E O X L T R R I Z Y
P V D S P O N D O T
E E I O V I N E N V
R L C E O K C E S M
T K Q O Y R P S N T
A N L K M O B B I Q
E P J P X E X J N D
```

*"I reprove and discipline those whom I love. Be earnest, therefore, and repent. Listen! I am standing at the door, knocking; if you hear my voice and open the door, I will come in to you and eat with you, and you with me."*

| | |
|---|---|
| REPROVE | DOOR |
| DISCIPLINE | KNOCKING |
| LOVE | VOICE |
| EARNEST | OPEN |
| REPENT | COME |
| LISTEN | EAT |

# Revelation 17:14

```
S Z T W D N D K P Y F
R Z A R T E E T I A B
E R O G L R X S I N B
W L V L A Q I T O E G
O L A M B I H U C H W
L C X J P F N A M I C
L Q J E U Y U S T P P
O P G L L S O H T T H
F A G L E T V L R L D
W D J M R L E M N D R
D N L Z Y K R N R T T
```

*They will <u>wage</u> <u>war</u> <u>against</u> the <u>Lamb</u>, but the Lamb will <u>triumph</u> <u>over</u> them <u>because</u> he is <u>Lord</u> of lords and <u>King</u> of kings—and <u>with</u> him will be his <u>called</u>, <u>chosen</u> and <u>faithful</u> followers.*

| | |
|---|---|
| WAGE | LORD |
| WAR | KING |
| AGAINST | WITH |
| LAMB | CALLED |
| TRIUMPH | CHOSEN |
| OVER | FAITHFUL |
| BECAUSE | FOLLOWERS |

# ANSWER KEY

## Isaiah 9:2

```
S G E G R E A T J
G S N L P E E D D D
N D E I P Y D N Z
I L E N K O A K M
V E I N K L E J N
I S S G W R A P K
L O E B H A A W M
D H E T K T D D X
P T N D R X W L Q
```

## Isaiah 9:6

```
E T M I G H T Y S G B Z Y
R V N E V I G H O Q Z K N
E B E E T L O D V C O N R
H O D R M U Y E U O Z T T
T R J M L N C F U T S E R
A N T D D A R N L K W B N
F P E L E E S E C N I R P
Z R I P D E L T V S O N Z
S H B N L T D L I O Y Z D
C R O O W Q R G A N G Z D
J W R T R Y M Q W C G W M
```

## Isaiah 52:10

```
K R M N N E N S M Z X T
M K L X A Q Q H Y S J B
J Y Q R N K D A A L W P
J G T M K Y S L D Y O B
R H A M X N V L S A Q H
J L Y M O A T W M E R J
L R E I T S D N E V Y M
M E T I W E W E L R L E
S A O L O R D R Q R T D
N N B R P B X A G P L Q
B B N M V V D B M O T J
R J D D D Q R G T K N D G
```

## Isaiah 54:10

```
T H O U G H R E Y S B G K M
M N Y T J G V D N N Z Y R J
C G D K L O N I M T Z Z B M
T O L Y L G A I Y M N B G G
W P V G B T X R L O S Y A S
L S V E N W J L I R R J D
O K H U N K K S P D A M T L
R R O A J A S X E D Q F T T
D M L Y K A N V W H Q E N T
E Z V V P E O T I X Y L D U
C B W M N M N L Y X K Y L L
A G O J E B L N M Y Y L Y D
E C D R X S Z Z N J G N Z N
P N Y X N J T J B Q N R L J
```

## Psalm 86:15

```
F A I T H F U L N E S S
L N Y Q R R U G A D S R
T K K E Z F K B O U T M
U S G L I D O P O D T Z
B N A C T U N I E V O L
A W R F N M C D Y V T B
L E X D D A T R O K X D
M V I K R A W O U B N T
N N D G L O E L V B R X
G N T M L B M T R K T T
J D Y S L D Q N S T T L
```

## Zephaniah 3:17

```
R F Y Y G S A V I O R Y
L E Z T L L K T D N G Q
W A L Y A M I D L N K S
L R L G D Z M V O M O B
L S Q X N M M M I N Q D
M U M R E J A R G N E P
R M F R S M E S G L G D
B L I Y S J Y O I M R M
L E M G O T D G L O Q Z
D W V I H J H A L D G N
B J C O Z T C G J W D N
L E K V L B Y J Y D Q R
```

## Malachi 3:1

```
Y R B M Q D B D R A G R
R R E K Q Q E E L N L L
N E F N L S G M I P M L
E T O D I N I K G N J D
D N R R E G E J B W T Y
U A E S H E R A P E R P
N S S D L D M M N Y
S E Y P W Q N P R B Y L
M V Y B L A L E C O M E
N O T N X E Y G S Q L M
D C Y V Q V G V Q P G R
```

## Matthew 5:43-45a

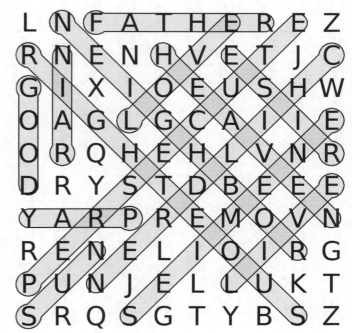

```
L N F A T H E R E Z
R N E N H V E T J C
G I X I O E U S H W
O A G L G C A I I E
O R Q H E H L V N R
D R Y S T D B E E E
Y A R P R E M O V N
R E N E L I O I R G
P U N J E L L U K T
S R Q S G T Y B S Z
```

## Matthew 8:3-4

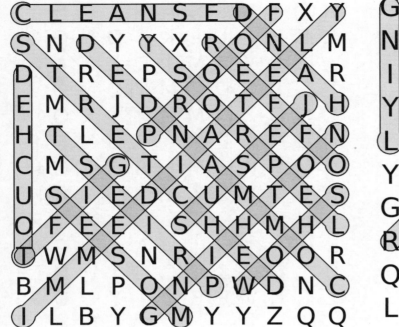

```
C L E A N S E D F X Y
S N D Y Y X R O N L M
D T R E P S O E E A R
E M R J D R O T F J H
H T L E P N A R E F N
C M S G T I A S P O O
U S I E D C U M T E S
O F E E I S H H M H L
T W M S N R I E O O R
B M L P O N P W D N C
I L B Y G M Y Y Z Q Q
```

## Matthew 9:1-2

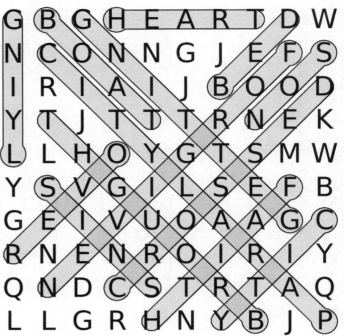

```
G B G H E A R T D W
N C O N N G J E F S
I R I A I J B O O D
Y T J T T T R N E K
L L H O Y G T S M W
Y S V G I L S E F B
G E I V U O A A G C
R N E N R O I R I Y
Q N D C S T R T A Q
L L G R H N Y B J P
```

## Matthew 9:20-22

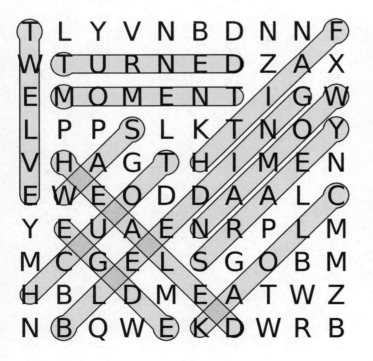

```
T L Y V N B D N N F
W T U R N E D Z A X
E M O M E N T I G W
L P P S L K T N O Y
V H A G T H I M E N
E W E O D D A A L C
Y E U A E N R P L M
M C G E L S G O B M
H B L D M E A T W Z
N B Q W E K D W R B
```

## Matthew 9:27-30a

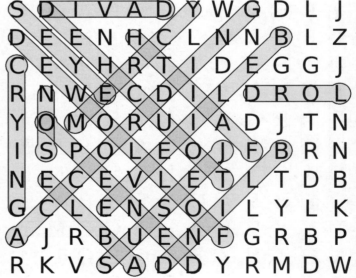

```
S D I V A D Y W G D L J
D E E N H C L N N B L Z
C E Y H R T I D E G G J
R N W E C D I L D R O L
Y O M O R U I A D J T N
S P O L E O J F B R N
N E C E V L E T L T D B
G C L E N S O I L Y L K
A J R B U E N F G R B P
R K V S A D D Y R M D W
```

## Matthew 9:35-36

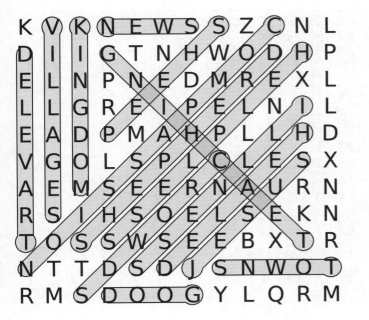

## Matthew 11:5

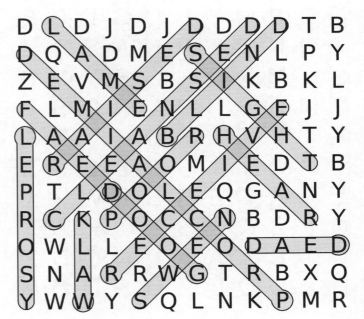

## Matthew 11:28-30

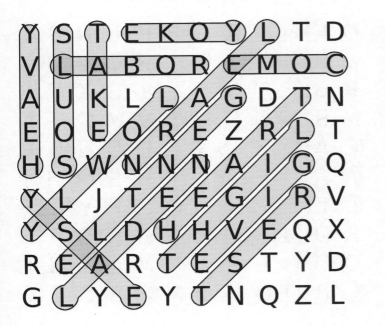

## Matthew 14:13-14

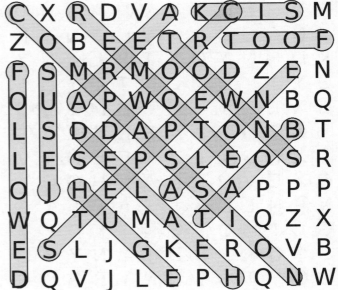

## Matthew 15:32

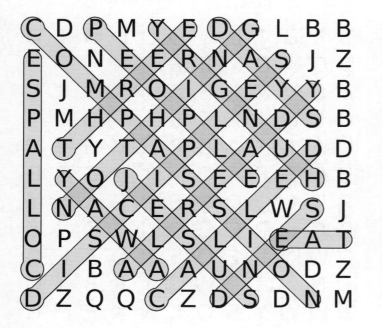

```
C D P M Y E D G L B B
E O N E E R N A S J Z
S J M R O I G E Y Y B
P M H P H P L N D S B
A T Y T A P L A U D D
L Y O J I S E E E H B
L N A C E R S L W S J
O P S W L S L I E A T
C I B A A A U N O D Z
D D Z Q Q C Z D S D N M
```

## Matthew 18:12b-14

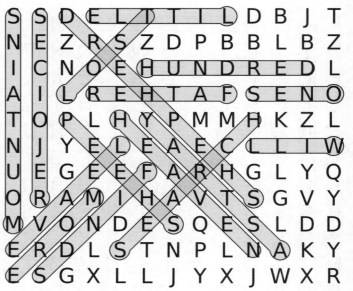

```
S S D E L T T I L D B J T
N E E Z R S Z D P B B L B Z
I C N O E H U N D R E D L
A I I L R E H T A F S E N O
T O P L H Y P M M H K Z L
N J Y E L E A E C L L I W
U E G E E F A R H G L Y Q
O R A M I H A V T S G V Y
M V O N D E S Q E S L D
E R D L S T N P L N A K Y
E S G X L L J Y X J W X R
```

## Matthew 19:14-15

```
R Y G L L Y Y M H M L N M
X D C G D J Y Y G E N Y K
K D H N Y Q X T R L A N Z
Q Y I Y Q M G M T T Y D J
B X L K I N G D O M D B S
E Q D H E A V E N E L B S
L X R S Y L Y K C E M T V
O X E V U P N A S H O O Y
N L N L D S L S A P L Y C
G L I M Q P E N Y K D L J
J Q K P D D J Y N Y Y G
D Q Y T E S N N Y B G D N
```

## Matthew 20:32-34

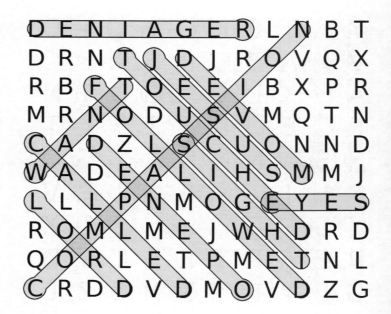

```
D E N I A G E R L N B T
D R N T J D J R O V Q X
R B F T O E E I B X P R
M R N O D U S V M Q T N
C A D Z L S C U O N N D
G W A D E A L I H S M M J
L L L P N M O G E Y E S
R O M L M E J W H D R D
Q O R L E T P M E T N L
C R D D V D M O V D Z G
```

## Matthew 22:37-39

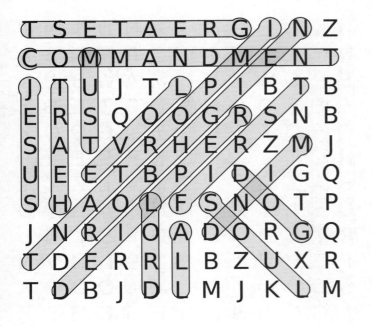

T S E T A E R G I N Z
C O M M A N D M E N T
J T U J T L P I B T B
E R S Q O O G R S N B
S A T V R H E R Z M J
U E E T B P I D I G Q
S H A O L F S N O T P
J N R I O A D O R G Q
T D E R R L B Z U X R
T D B J D U M J K L M

## Matthew 26:26

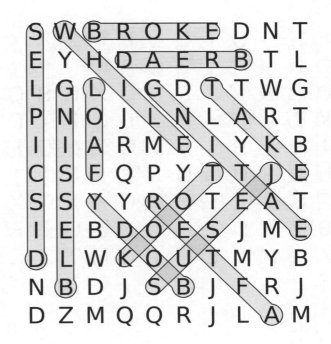

S W B R O K E N D N T
E Y H D A E R B T L L
L G L I G D T T W G
P N O J L N L A R T
I I A R M E I Y K B
C S F Q P Y T T J E
S Y Y R O T E A T
I B D O E S J M E
N L W K O U T M Y B
N B D J S B J F R J
D Z M Q Q R J L A M

## Matthew 26:27-28

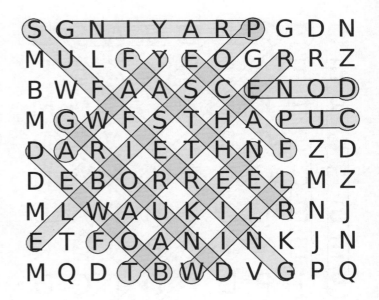

Z F T Z L B M Y B N T X D
G M O P K T K R N W L B T
I G L R D N N Y B X M R W
V W Z Y G T I A K T M K L
I L L A O I T R N Y Y X X
N D M O R H V P D E N L B
G Y K M A D O E L G V J D
J J D A N S U N G N B L O B
D N K M R I K G N E O M C
Y S K E N M N K D L S C X
G M D M R Y X S B R U S D
B R L B M G G Y G P L T Q

## Matthew 26:39

S G N I Y A R P P G D N
M U L F Y E O G R R Z
B W F A A S C E N O D
M G W F S T H A P U C
D A R I E T H N F Z D
D E B O R R E E L M Z
M L W A U K I L R N J
E T F O A N I N K J N
M Q D T B W D V G P Q

# Mark 10:21

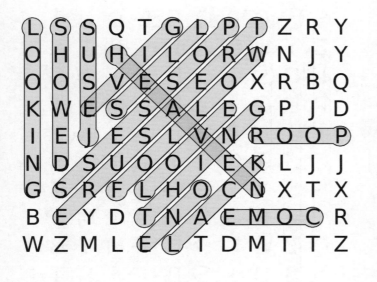

```
L S S Q T G L P T Z R Y
O H U H I L O R W N J Y
O O S V E S E O X R B Q
K W E S S A L E G P J D
I E J E S L V N R O O P
N D S U O O I E K L J J
G S R F L H O C N X T X
B E Y D T N A E M O O R
W Z M L E L T D M T T Z
```

# Mark 12:32-34a

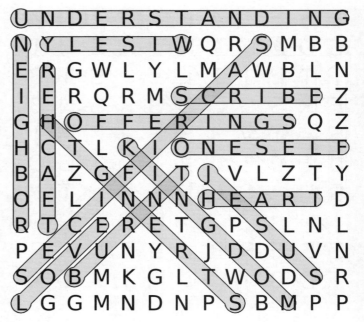

```
U N D E R S T A N D I N G
N Y L E S I W Q R S M B B
E R G W L Y L M A W B L N
I E R Q R M S C R I B E Z
G H O F F E R I N G S Q Z
H C T L K I O N E S E L F
B A Z G F I T V L Z T Y
O E L I N N N H E A R T D
R T C E R E T G E S L N L
P E V U N Y R J D D U V
S O B M K G L T W O D S R
L G G M N D N P S B M P P
```

# Luke 6:9-10

```
D S A L E V A S D
E P A S U K Z E K
R H K B K F S M M
O S C R B T W R D
T U G T R A A A H
S S L O E H T A L
E E Y I O R N H K
R J P D F D T G D
M Y N T J E K S J
```

# Luke 6:27-28

```
C U R S E Y W Z J B N K
M D X V R Z H T B E V S
E S O H T D M A T R E N
M D Z J B D O S T I M T
L B D L J L I O M E R N
Z Z N W O L E E G U J P
M Q O I T V N S H Y R G
Y H T L N E E N S A Y W
W W G L L Y B B D Y B R Z
W Y D I V T P L L L N S
Z D G N D Z I P J N A L
P G N G W J N X T Y W M
```

# Luke 6:29-31

```
R B D T X L Y V L B B N
G D L J R G B E B Y N R
G O P J Y I N M K N M G
E G O D L O H H T I W Q
L V D D Y M S S M T Z L
K N I R S T S R E H T O
Y E E G R R A A J T J W
S V E I K E C K W B M T
E G K H D F O J E A D X
Y E E R C F A M M S Y X
S M B B Z O T Y Y B D R
```

# Luke 6:35

```
U A R M N V K L E E Q L N
N N E Z R C D N X W D G L
G Y W W A N E P I H G I H
R T A B I M E T D D M B W
A H R K I C H I L D R E N
T I D E T O K G R E A T J
E N S I U G L E M L O V E
F G N T P E O O D L N N V
U G B M N R S O D B Q Y M
L K N D R T Q Y D L D Y Y
```

# Luke 7:12-13

```
L P K N M D M D B X R N
W D N D W R W K R Z D X
D E H C A O R P P A W W
J I T G R L T M L B D Y
W R M C A P R A R H B Z
O R R O E T R D E A D X
D A W R T G E A N W Z L
I C S S E H R K E Y R C
W O A Q M T E N N Y Z V
N W N Z Y M T R V M V R
```

# Luke 7:46-48

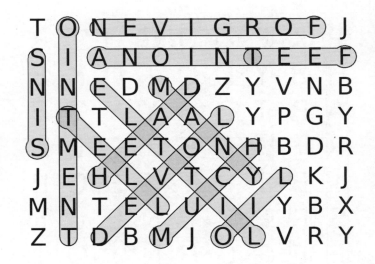

```
T O N E V I G R O F J
S I A N O I N T E E F
N N E D M D Z Y V N B
I T T L A A L Y P G Y
S M E E T O N H B D R
J E H L V T C Y L K J
M N T E L U I I Y B X
Z T D B M J O L V R Y
```

## Luke 10:26-27

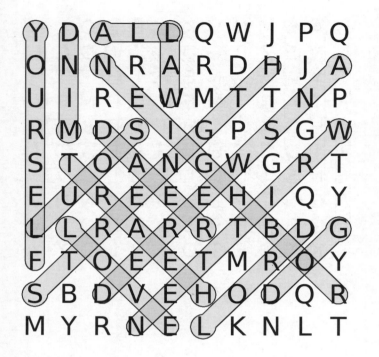

```
Y D A L L Q W J P Q
O N N R A R D H J A
U I R E W M T T N P
R M D S I G P S G W
S T O A N G W G R T
E U R E E E H I Q Y
L L R A R R T B D G
F T O E E T M R O Y
S B D V E H O D Q R
M Y R N E L K N L T
```

## Luke 10:36-37

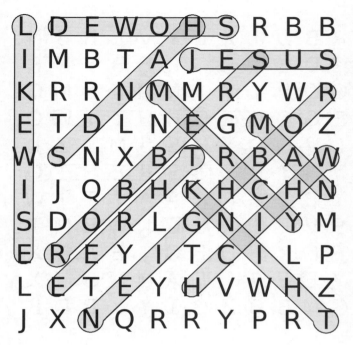

```
L D E W O H S R B B
I M B T A J E S U S
K R R N M M R Y W R
E T D L N E G M O Z
W S N X B T R B A W
I J Q B H K H C H N
S D O R L G N I Y M
E R E Y I T C I L P
L E T E Y H V W H Z
J X N Q R R Y P R T
```

## Luke 11:42

## Luke 11:46

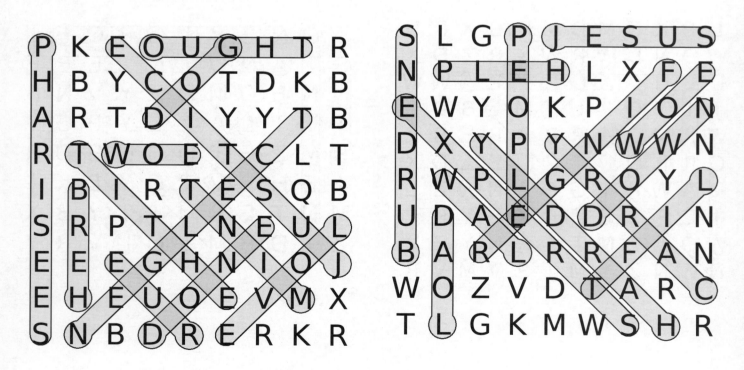

```
P K E O U G H T R
H B Y C O T D K B
A R T D I Y Y T B
R T W O E T C L T
I B I R T E S Q B
S R P T L N E U L
E E E G H N I O J
E H E U O E V M X
S N B D R E R K R
```

```
S L G P J E S U S
N P L E H L X F E
E W Y O K P I O N
D X Y P Y N W W N
R W P L G R O Y L
U D A E D D R I N
B A R L R R F A N
W O Z V D T A R C
T L G K M W S H R
```

## Luke 15:7

```
S R Y S E M A S S
E T S Y I L Y U W
T N T T T N O O Y
U N O R E N S J
R Y E T A N E T
N E H V H Y I R
S G R Y A E E N
V I Y O O A E R D
R N L L D M W H S
```

## Luke 23:34

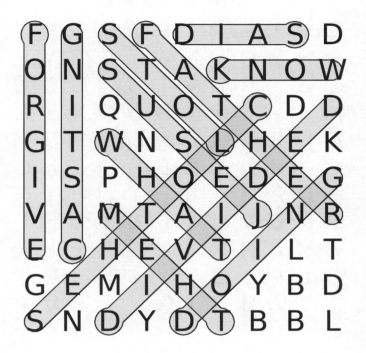

```
F G S F D I A S D
O N S T A K N O W
R I Q U O T C D D
G T W N S L H E K
I S P H O E D E G
V A M T A I J N R
E C H E V T I L T
G E M I H O Y B D
S N D Y D T B B L
```

## Luke 23:44-46

```
T H R E E T S S S J
T N G J H D S A T K
E N I G N E N S S M
M L I A N C U P I J
P L H K T R I D E R
L Q R U T R D S E K
E A A N I L U H Y N
D R E T E S T C O N
Y N R O T A T O U D
X Q W N F L N S Z T
```

## John 1:1-5

```
G X G B Y B N R D Q Y D G Z
N T M Y D J B A S H I N E S
I T H D B L R J T O R O W T
N M O I H K R Y J H D N L N
N G Y T N V L O B D G T Q N
I D I E N G V X N D H I M G
G W S E J E S I B R J N L M
E S F N R P K R O N R N A X
B I Q C O N M U J V D D P D
L Z O N A T G A Q B E N M R
Y M L M Y H H M L M B T V L
E J M L R L R I Q L D M M F
T T W Y G P W R N X L J W Z
Q Q D Y R R B T Y G V L J L
```

# John 1:12-13

```
C L J M A J R G Z T R Y
D H M Q L N A Y D E Y P
E E E I R L V J B W O G
M Y V L E J D O O X Y N
O O D R E D C P O H R D M
C Y Z N I R E S O Z N Q
E E D A G V L E I W L J M
B M D V N L E N V L B L
E E M A N F T Y B L E L K
B L R J D L X I L B D J
J Y W B B Y W Y L P V P
```

# John 1:16-18

```
R S E G T M Y P N D L S N M
E U T V D S X Q Z G S J N D
C E B L O L I D M E Q J M D
E I J C X R G X L H R N O Y P L N D
I Q J N U C U L N C G E G Z
V R B O A F W F L R N N S J D
E D L R M H D A N A T I W B D
D H E T D I N C B S D M Y L
T R I Y L N I U S N E V I G
L A K I J O L E B A L T T
F A N Y U Z L M M A N K T V
M G W S N B K M J M B R P D
```

# John 3:16

```
S L H E V A G W
L E I S J O H T
A D V F I O N Y
N W E E E R L E
R N O V I N E L
E G E R O L O P
T R O M L L E S
E B N D L D J B
```

# John 3:17

```
C D E V A S Y T D
Z Z O T H R O U G H
O I N D E E D D X
M R T D D R L D Z
I D D O E R V N D
G N G E O M J M N
H E O W R Y N Q X
T S T S Z W R T V
```

## John 3:35-36a

```
Y D K T L L Q T S D B
G N I H T Y R E V E M
F L O V E S V G E V D
A M A D O E O N R J Y
T L O N I T O N S R Y
H G I L R Y N D W H O
E K E F N E N I P V K
R B B A E A T U Q J P
V D M J H D T E M N W
```

## John 4:13-14

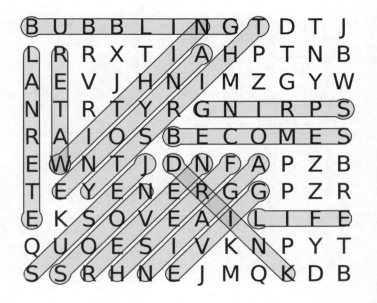

```
B U B B L I N G T D T J
L R R X T I A H P T N B
E E V J H N I M Z G Y W
T R T R T Y R G N I R P S
A I O S B E C O M E S
W N T J D N F A P Z B
T E Y E N E R G G P Z R
K S O V E A I L I F E
Q U O E S I V K N P Y T
S S R H N E J M Q K D B
```

## John 5:20-21

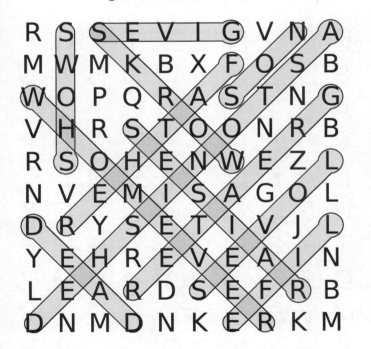

```
R S S E V I G V N A
M W M K B X F O S B
W O P Q R A S T N G
V H R S T O O N R B
R S O H E N W E Z L
N V E M I S A G O L
D R Y S E T I V J L
Y E H R E V E A I N
L E A R D S E F R B
D N M D N K E R K M
```

## John 5:24

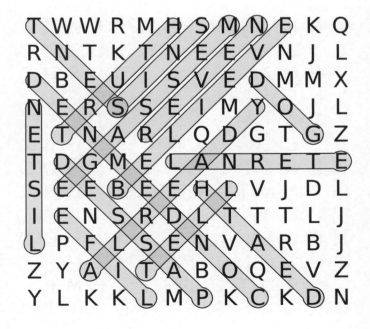

```
T W W R M H S M N E K Q
R N T K T N E E V N J L
D B E U I S V E D M M X
N E R S S E I M Y O J L
E T N A R L Q D G T G Z
S D G M E L A N R E T E
I S E E B E E H V J D L
T I E N S R D L T T L J
L P F L S E N V A R B J
N Z Y A I T A B O Q E V Z
Y L K K L M P K C K D N
```

# John 6:27

```
P L W O R K S K R J
E D A N W E P R L Y
R L A N R I E F I L
I M A U R H L F K Q
S G D E T E O L Y V
H N I A S O T S N Z
E M F V D M O E T B
S G O D E N Q Q V Q
```

# John 6:35

```
L Y D I A S C D L
T I T D Y O B R B
K S F S M X E E L
J J U E R V L Y L
B R S S E I R R W
R Y E O E G H W D
E D H V N J I T M
A W E U E L K V J
D S H T L N J G P
```

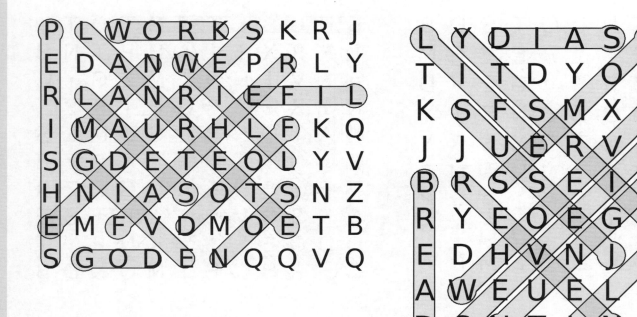

# John 6:37-39

```
K N P J J W G N W L L W K T
L T T Y B W W F X I O Z Z Z
T E Q Z A O A N G T S S M Q
V N S W D T E B E E D L E L
K L A I H V N G V V L A S T
R Y B E A D L E B J E G B Z
N Z R E D R R N Y G N R Q D
O R H M T Y E V I R D D D R
T P N W T M Y J G T T K A O
H D G H N N M I R W W N O Y
I D I G N J V S E N T M P L
N N R D T E R M T N E M P L
G R W R S P Y Y M D R J T B
```

# John 6:50-51

```
H C O M E S T T W P
E D L R O W D H A D
A L I F E M O I L E
V D F D L E Y I E P
E A B O V E V M L L
N E J E R E S I G K
T R R N V E V H M B
D B X I W I V V M Z
M V G D N O R E Z V
K M X G Q R D J R B
```

## John 8:12

```
J P W G W Y B T X Z L
E B N H D H V N Z Y N
S V E L E D O L I F E
U T V E Z N Z E T W S
S S E N K R A D V W M
T N R P B O L Q O E W
H V I R E N P L D O R
G N J A W O L S R N K
I K B Q G O P L Z L R
L R X G F A D L A P N
L N Y Y J L R W E D R
```

## John 8:42-43

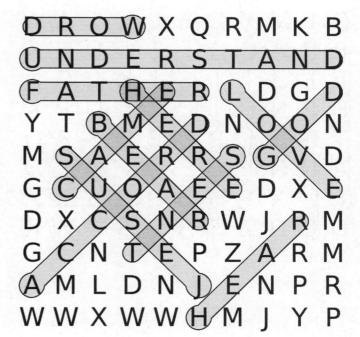

```
D R O W X Q R M K B
U N D E R S T A N D
F A T H E R L D G D
Y T B M E D N O O N
M S A E R R S G V D
G C U O A E E D X E
D X C S N R W J R M
G C N T E P Z A R M
A M L D N J E N P M
W W X W W H M J Y P
```

## John 10:8-9

```
S K Y W K T B D T L Q N D E
R G L L N B R E R L D D N B
E N R X Z T T Y F Y B T K Q
B X M Q D L Q H W O E G R J
B M W H O E V E R R R P Z D
O S X Z N Y N T S O A B E L
R D H L W J M E E S U V J T
L N S E V E I H T T A G K T
J I K L E W T U D S A L H Q
Y F N C G P R R Q Z I G L Z
L Z W L O E R W X M K L T D
W L G N Q M N T T R R B N M
B K M Q J Z E R N D D L Q R
```

## John 10:10-11

```
T P S D C N R Y Z A
T H O H W A O R B Y
S O I O E R M U N V
G H D E T E N E C R
T R E S F D P O T Y
T L E P A X M B K J
E D A N H E O I Y S
X F T E S E L N Y Y
P L I N T L R A L L
Y R T L R S L D D Y
```

## John 10:14-16

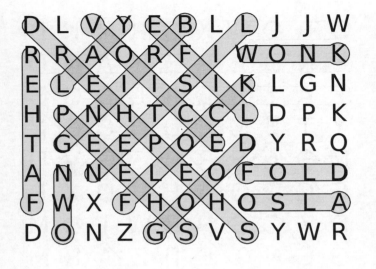

```
D L V Y E B L L J J W
R R A O R F I W O N K
E L E I I S I K L G N
H P N H T C C L D P K
T G E E P O E D Y R Q
A N N E L E O F O L D
F W X F H O H O S L A
D O N Z G S V S Y W R
```

## John 10:17-18

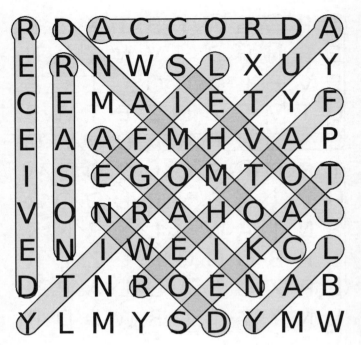

```
R D A C C O R D A
R E C E I V E D
E R N W S L X U Y
E M A I E T Y F
A A F M H V A P
S E G O M T O T
O N R A H O A L
N I W E I K C L
D T N R O E N A B
Y L M Y S D Y M W
```

## John 10:27-29

```
P E E H S K N O W F
G D N A H G N R O Q
T I M N M M E L Q G
G L V B T V L H R F
S R A E E O S A A E
N E E N W I E T F Z
A C N A R H H I Y L
T I Z E T E L G Q Q
C O P B R E T B Q R
H V D J Y N R E J G
```

## John 13:1

```
P T B S U S E J Q
C A S E R U O H L
W O S U F M O A G
D O M S J O V W F
E D R E O I R A N
V V N L T V T E K
O D A S D H E N M
L Z E E E T E R X
M F V R L W B Q N
```

## John 13:12-14

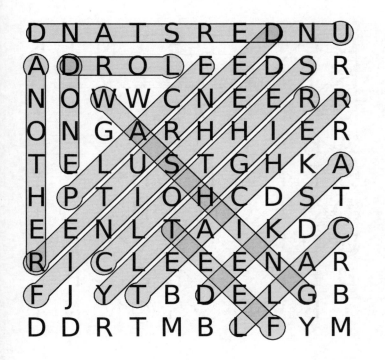

```
D N A T S R E D N U
A D R O L E E D S R
N O W W C N E E R R
O N G A R H H I E R
T E L U S T G H K A
H P T I O H C D S T
E E N L T A I K D C
R I C L E E E N A R
F J Y T B D E L G B
D D R T M B L F Y M
```

## John 13:34-35

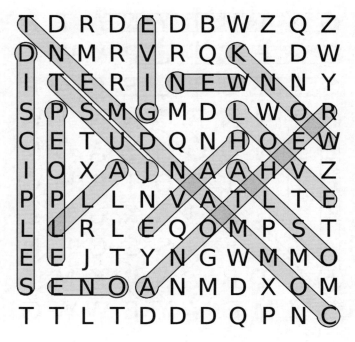

```
T D R D E D B W Z Q Z
D N M R V R Q K L D W
I T E R I N E W N N Y
S P S M G M D L W O R
C E T U D Q N H O E W
I O X A J N A A H V Z
P L L N V A T L T E
L R L E Q O M P S T
E J T Y N G W M M O
S E N O A N M D X O M
T T L T D D D Q P N C
```

## John 14:1-3

```
M D A G O D D E R J E B
R M D L X D N R Y V R M
T Z B G W O N K E Q O D
Q S L Y U A F R L O B T
P T Y G L R Y A R P R B
R R H G E T E S T O N T
E A J D H C P A U H R B
P E Y I T D A B D T E J
A H N S Z H L L E Y B
R G U B V E O M P M B B
E R L R D T N M Y R O T
T J V K P L D B E R Y C
```

## John 14:6-7

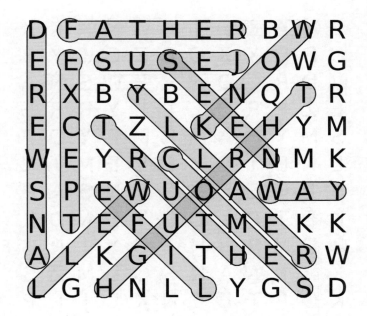

```
D F A T H E R B W R
E E S U S E J O W G
R X B Y B E N Q T R
E C T Z L K E H Y M
W E Y R C L R N M K
S P E W U O A W A Y
N T E F U T M E K K
A L K G I T H E R W
L G H N L L Y G S D
```

## John 14:12-14

```
G N I H T Y N A T P
G R E A T E R V W L
S E V E I L E B A R
R T N M R G N N T W
E E N Q O H Y A O M
H L Y I G O T R M G
T N N N A K U L E
A G I E O S S O R N
F R T B L S R K M T
B Y M D Y Y B W W G
```

## John 14:19, 21

```
O E F L E S Y M T K
S J R W H O E V E R
L D O O D E B K R J
A H N L M E V E E S
S K R A F Y H I L Y
L O E O M T N O L T
W O R E A M V A E Y
D E N F P E O N R B
J B V G S S O C N T
```

## John 14:23-24

```
L M A K E T R W M K K X
O D D X X Q B Z G I Y B
V D R C O D E R E W S N A
E Z P R O F L L Y R R E
S M Y E A M R M E Y Q P
L N B T E Y E V E M I N
B L H G T K E M N E A P
K E T P L O O Y S N D K
R D M R H H T U Y J R G
X R L W A N S O L M Z T
K O P T E E N K L J L P
P W G S Q E H Q X V D V
```

## John 14:27-28

```
R D I A R F A W B M M
E R Z S M E O W D Q
C R J T R H E A G
O M E L R L T O Y
M D D J B A I A J
I L L U O N E L F
N L O G G I Q H D
E G R E P E A C E P
T D R A E H V E T
I G V D B V O B J B
G L Z B B L E P K V
```

# John 15:1-3

```
E R Y P M E S S A G E M
N V A N U F A T H E R N
I E E E X R H C N A R B
V T C R B J I R X A E Q
E I N U Y T E F L N Q T
P U N T D N Y R I P B B
A R L E E O E M R E C M
R F U D R A R U N U D G
G R R Z D O N P T T G N
T A T Y N E M S Y M G Y
G N W J S J G Z P N R Q
```

# John 15:8-10

```
C S E L P I C S I D K K
F O Y F R N E L G D T W
R P M Z A D D M O G Y V
U E B M I T W P L V W R
I E Y B A R H O R B E B
T K A T L N R E H O L D
V N Z M J I D C B V R V
D L M L F R U M K Y Z E
J K L I Z M A Y E L T N
P M E J Q L M E X N N
L D N T Q M D X B L T D
W L N N P J M W J J M S
```

# John 15:12-15

```
T M M B D M D S N E V O L W
F N B A A O E V J W N X G D
R L E D S R I R J G M T N J
I N E M V T E N R N S Y B P
E Q W A D H E E G O L L A C
N Y N O T N A R M Q N W V L
D T Y O N T A E Y W M T T J
S B N E E K O M O X M Z M Y
D A F R R N L D M E N O D Q
L I B D E N A P Y O D Y J M
L Z M J L R Y D Z R C G K R
```

# John 15:16-17

```
O B N Z W Z M T L J K R D
T E V N K S A N N B X Z B
G Q T E N Z P B Q E B Y L
D R A N Y B C Z R L V T R
V C E Q I O E E F R U I T
H E W H M O V A R L O N G
J B S M T E P E R T O N G
D Z A O T A M P H D L V P
M N V A O A F E A L Z Y E
D M H G N H R T K A M N
M W J R Z D C N N S K R Q
M X X M L K J Y D T T J L
```

## John 16:33

| | | | | | | | | | |
|---|---|---|---|---|---|---|---|---|---|
| E | R | T | U | T | E | B | R | N | K |
| S | M | O | H | C | O | E | K | A | T |
| E | Y | O | A | I | L | L | T | V | V |
| H | D | E | C | B | N | T | D | J | G |
| T | P | L | U | R | R | G | E | K | X |
| P | Y | O | R | A | E | V | S | J | N |
| G | R | A | E | O | A | V | X | X | R |
| T | N | H | M | H | W | Q | O | K | J |

## John 17:2b-3

| | | | | | | | | | |
|---|---|---|---|---|---|---|---|---|---|
| Z | N | O | N | L | Y | E | Z | T | |
| E | U | R | T | D | N | Y | A | W | |
| L | V | M | Z | O | O | W | W | R | |
| C | A | S | E | V | I | G | S | H | |
| H | H | N | L | B | L | U | T | Z | |
| R | C | T | R | E | S | R | B | K | |
| I | A | Q | F | E | A | E | N | N | |
| S | E | I | J | E | T | O | N | N | |
| T | L | K | D | T | W | E | D | T | |

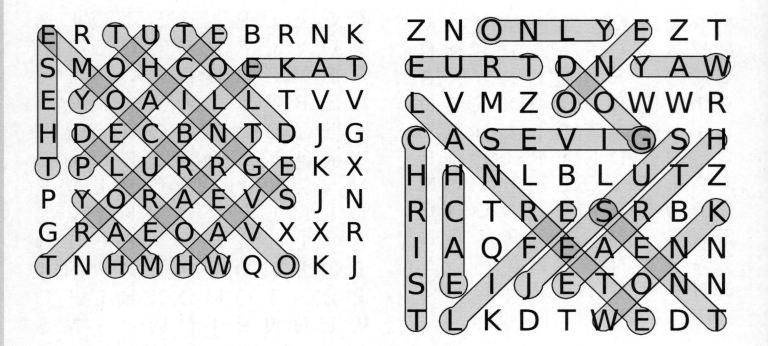

## John 17:22-23

| | | | | | | | | | |
|---|---|---|---|---|---|---|---|---|---|
| M | N | E | G | T | Z | B | L | Y | |
| W | N | E | N | I | Y | O | L | K | |
| O | Z | E | V | R | V | T | N | B | |
| R | S | B | O | E | C | E | E | K | |
| L | Y | L | D | E | N | C | N | V | |
| D | G | Q | F | K | O | O | T | M | |
| L | N | R | K | M | W | T | L | B | |
| W | E | Z | E | T | H | E | M | V | |
| P | B | Y | T | Y | R | Q | G | P | |

## John 17:25-26

| | | | | | | | | | |
|---|---|---|---|---|---|---|---|---|---|
| E | V | O | L | R | E | H | T | A | F |
| S | U | O | E | T | H | G | I | R | J |
| H | P | N | H | N | D | E | V | E | N |
| G | N | E | I | L | A | S | B | M | N |
| U | M | W | R | T | E | M | E | X | X |
| O | N | O | O | N | N | D | E | R | M |
| H | W | J | T | N | A | O | Y | G | N |
| T | Q | L | B | M | K | K | C | T | X |

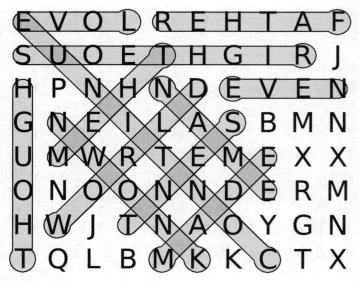

## John 21:17

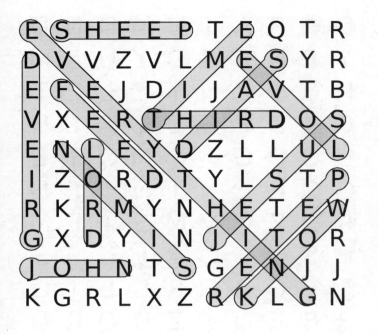

## Acts 4:12

## Romans 3:23-24

## Romans 5:2

## Romans 5:6-8

R W L D Z R Q S Y K L J
D E M O N S T R A T E S
U S Y T Z I E T P R Z P
N U R T R L R S O I M J D
G R E N L A I W G D Q Z K
O E N V D R E H R O O D B
D N B H R T V D N O G N
L I C L E H E O I D D B B
Y S E O Y G V M L E M B B
X S U X X I W W I P D Z
S S K B N R T N Q T Q J

## Romans 5:9-10

D W R A T H M D N D
Y E N E B D Y U E M
H B I Z N Y E L C T
G L D F E E I A L H
U O D G I C M Q T E
O O R E N T N I F H
R D Z O V M S I E M
H S C G O A L U S S
T E O R G R S L J Q
R B E N J Z D Q R D

## Romans 5:21

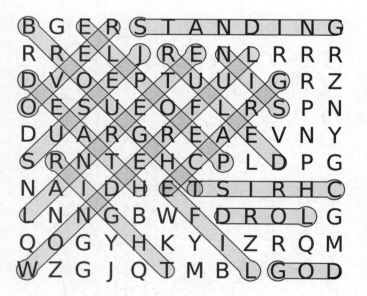

B G E R S T A N D I N G
R R E L I R E N R R R
D V O E P T U U I G R Z
O E S U E O F L R S Z N
D U A R G R E A E V N Y
S R N T E H C P L D P G
N A I D H E T S I R H C
L N N G B W F D R O L G
Q O G Y H K Y I Z R Q M
W Z G J Q T M B L G O D

## Romans 8:31-32

D N L V Z N T B R E D N
E N L B Y H N S L Q N D
A V P U I R P S V L N Y
G D E N F A E P R G Q T
A B G R R R Y V D K M D
I S N E Y A E E E G O D
N O T E S T C D T Y M K
S X N Z V N H E N B J T
T W L V I E R I V O L Y
O D L S Y M N G N A W N
B P A D D T T J D G G Q

## Romans 8:35, 37

```
Z C P I H S D R A H P T
K R O N A K E D N E S S
E E D N R T G R R R E M
N G T G O V S S Y T Y M
I N B T D U E I A G M J
M A B R R C E R R O R Q
A D O E U O A R R H O J
F W Q T V P U E O H C P
S Y I W E O X B W R M Y
J O G S P L L A L T S X
N M T D J D T N R E B W
```

## Romans 8:38-39

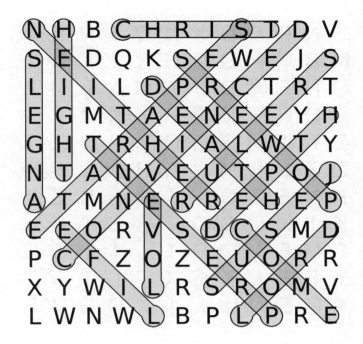

```
N H B C H R I S T D V
S E D Q K S E W E J S
L I L L D P R C T R T
E G M T A E N E E Y H
G H T R H I A L W T Y
N T A N V E U T P O J
A T M N E R R E H E P
E E O R V S D C S M D
P C F Z O Z E U O R R
X Y W I L R S R O M V
L W N W L B P L P R E
```

## Romans 12:9-10

```
R J N K W Y V M J J Y Y
Y O U R S E L V E S G M
S M N Q Y N Q R D R L J
C I U O Y D E V O T E D
L E N S H H E V O B A K
I V Q C T O H N L M N Y
N O R O E A N I D O O G
G L N R T R V E T T Q T
V A L E J E E P G Y W B
```

## Romans 13:8-10

```
F N E I G H B O R M K W D V
U P L T D W N J B L Y L A P
L P R D A T N Z L S N L R L
F S D X T D N M U M Z P C K
I Q T V K Y U M R G N O R W
L F Z E Z T M L L Z M T W X
L L L Z A E E J T M D M L M
E T K E D L R V A E M P W N
D R R N S E Y N O G R L D L
Q L X E D R D P V C D Y Q L
R L W R H M U Y M D Y N O Q
Y N U T E T R O Z W V N N
P M M N Y E O M Y T E B Y M
T R T J G W G N T K L T W J
T S J L P O B Z A R Z V G M
```

# 1 Corinthians 4:20-21

```
E N R B D X N Q J N K T
M B G M O D G N I K A Z
O N E P D P W M N L M P
C D N T O C R X K Z L X
Z L T M S W O J B Y Z T
Z Z L R M P E N W I S H
K N E Z O V I B S R Z X
K J N D O D J R Z I R L
P M E L O D T J I J S G
Y P S L K G X T L T W T
K M S N W L J K D G V P
```

# 1 Corinthians 11:23a-25

```
Y X R P J K N I R D R
D L U E T R L B S E Q
O C S M G P E U M D T
B U N B W T P E A N N
S K Y L R P M E A P T
B B D A E B R N G E T
Q L Y R R B E P K M N
L E O A O V G O R X D
D N N O O L R L D Z K
X C T C D B Q N B T L
E T G V Y T M Y W Y Y
```

# 1 Corinthians 13:1

```
S C Y S I O N V C Q
P W L T G E Z Y T X
E N J A M W M D S P
A S X Q N B Z L X R
K E G H A G E G J W
N U G L A G I T D R
K G R N N V E N R K
P N L A O J E V G R
M O N K L G Y T O T
P T Z R R R R T L N L
```

# 1 Corinthians 13:2

```
U S N I A T N U O M L
P N P O W E R S P L T
E R D T E J R N A M Y
V G O E Y V O Y Y Y P
K B D P R T O S L B R
L O V E H S T M R D N
Z L Z I L E T H E Y Y
M H N Z R W T A N R T
W G A I T I O I N Q D
T J E V A Y M N O D D
T S R F E B R D K R P
```

## 1 Corinthians 13:3

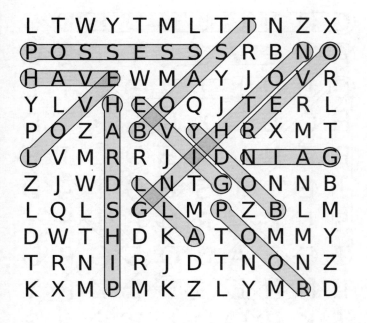

## 1 Corinthians 13:4-8a

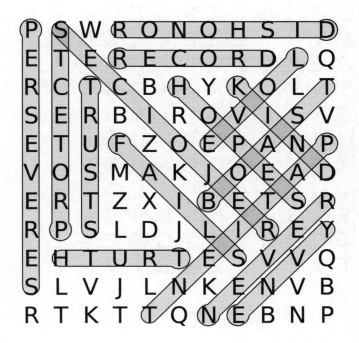

## 1 Corinthians 13:12-13

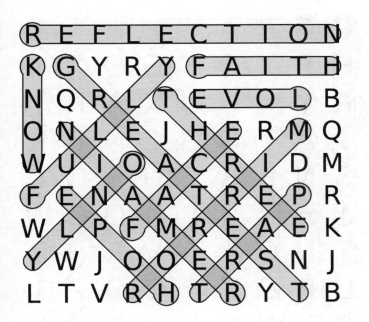

## 1 Corinthians 15:20-22

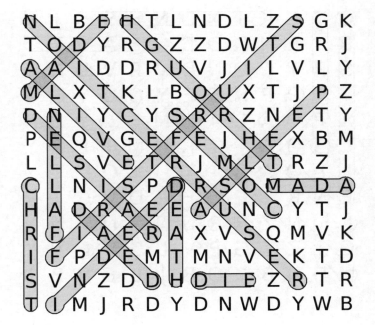

## 2 Corinthians 4:5-6

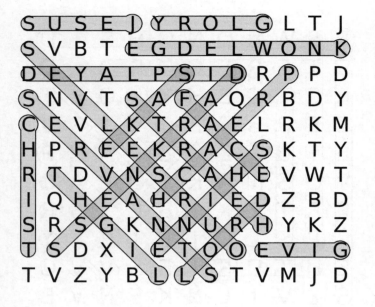

## 2 Corinthians 5:14-15

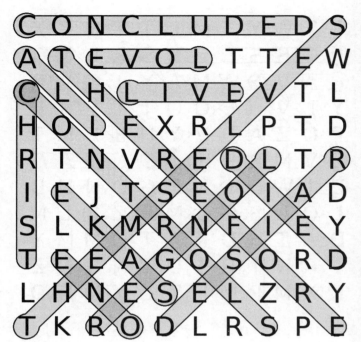

## 2 Corinthians 6:3-8a

## 2 Corinthians 8:9

# 2 Corinthians 13:11-12

# Galatians 2:20

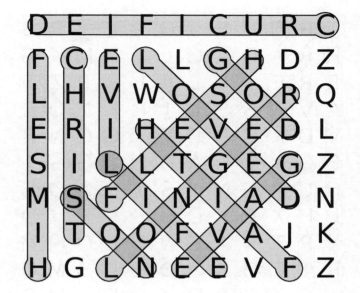

# Galatians 5:5-6

HNMRGYMSKDWTR
GGYVNBVXPLZIC
UCHRISTLWIGIG
OMMYFSERBHRNJ
RBBATAMETCIIM
HRINGGLEUSWTT
TTUEDJOMSLDDQ
HORXSUCEAZAZY
CLMUSIRWWJTVE
JSNSPENANGPB
JEEIXVLZILODT
JSOEOBRLTHYRM
SNJLRLLDPKLPGT

# Ephesians 1:5-6

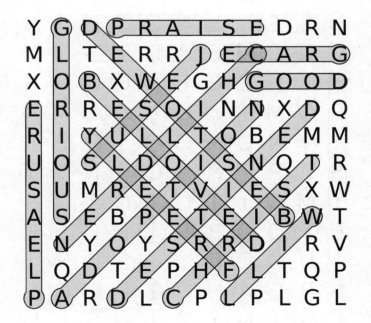

## Ephesians 2:4-7

```
T R G Y E S U S E J R B
H R A Q A C L T Y M K G
E R E I Y L A L R P Z T
A V W S S L I R K Y O R
V D K G P E Y V G G N B
E G N I R A D C E G S J
N C R G N J S T R A O E
L H X E K D H S V E V D
Y R T L A E N E E O M M
R I C H R T D E L S M Q
W S Y G P D X G S L M Q
L T B K J M N T L S X B
```

## Ephesians 2:12b-13

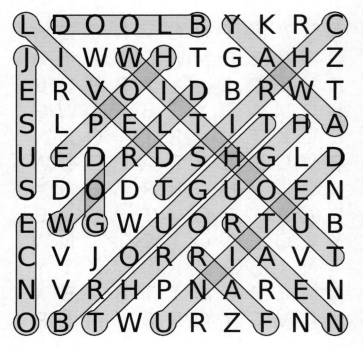

```
L D O O L B Y K R C
J I W W H T G A H Z
E R V O I D B R W T
S L P E L T I T H A
U E D R D S H G L D
S D O D T G U O E N
E W G W U O R T U B
C V J O R R I A V T
N V R H P N A R E N
O B T W U R Z F N N
```

## Ephesians 3:16-17

```
U S T R E N G T H T B
C N D H E A R T S M Y
H L L Z G E R G Q R R
R O M I W N L O E M R
I V E N O M O O S O E L
S E P T R I O R N T T
T M W I I U T N T R S
E P O O R R I E U S E
J U R C R Y I S D M J
S R E A N G T P O Q G
L S J N Y X J H S L D
```

## Ephesians 3:18-19

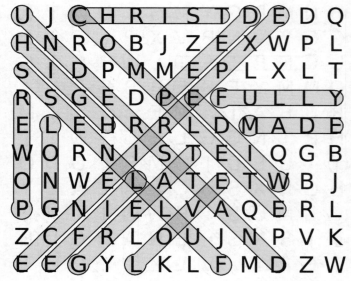

```
U J C H R I S T D E D Q
H N R O B J Z E X W P L
S I D P M M E P L X L T
R S G E D P E F U L L Y
E L E H R R L D M A D E
W O R N I S T E I Q G B
O N W E L A T E T W B J
P G N I E L V A Q E R L
Z C F R L O U J N P V K
E E G Y L K L F M D Z W
```

## Ephesians 4:1-3

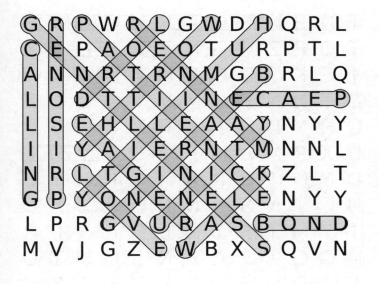

```
G R P W R L G W D H Q R L
C E P A O E O T U R P T L
N O N R T R N M G B R L Q
O S D T T I I N E C A E P
S I E H L L E A A Y N Y Y
I R Y A I E R N T M N N L
R P L T G I N I C K Z L T
P Y O N E N E L E N Y Y
L P R G V U R A S B O N D
M V J G Z E W B X S Q V N
```

## Ephesians 4:15-16

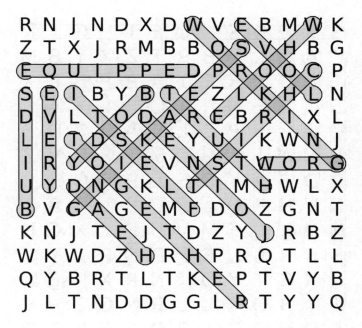

```
R N J N D X D W E B M W K
Z T X J R M B B O S V H B G
E Q U I P P E D P R O O C P
S E I B Y B T E Z L K H L N
D V L T O D A R E B R I X L
L E T D S K E Y U I K W N J
I R Y O I E V N S T W O R G
U D N G K L T I M H W L X
B V G A G E M B D O Z G N T
K N J T E J T D Z Y R B Z
W K W D Z H R R M R Q T L L
Q Y B R L T K E P T V B
J L T N D D G G L R T Y Y Q
```

## Ephesians 5:1-2

```
N Z T E V A G E X I M E
E T X H Z D V L M G C T
R R N J E O O I Q I B
D B O A L R T G F J I L
L R F P R A E I R M M C
I B F Q T G R F S Z H D
H Q E O P C A E O R M T
C N R L A J L R I R Q R
W S I S O F L S F P E L
A L N R Q V T K K G V T
L J G Y K R E M B L Z L
K R J V T B J D J T M Q
```

## Ephesians 6:23-24

```
H Y Z X J D N R Q M P V N I
Y T J B V B T M K B V L N M
P K I L M B W Z B D D C C X
B Y Q A R L D R O R O H Y G
T V D B F V O G X R R L Z Y
E C A R G T Q V R I L O V E
J F A T H E R U S J L Z W L
Y Y L E W V P T K L E Z N B
R T R N D T E L A Q D S D Z
Z S R M I D A M K Y T R U R
T R M B T L C Z N Y O X X S
V R L R D W E L W L D N Y M
Y E L J X T W T N W K L W W
```

## Philippians 1:9-11

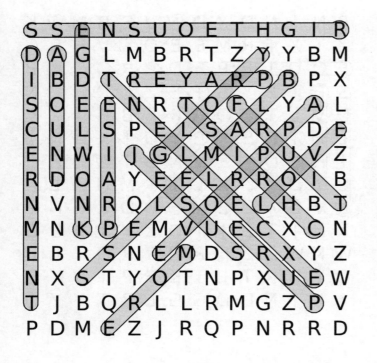

## Philippians 2:1-2

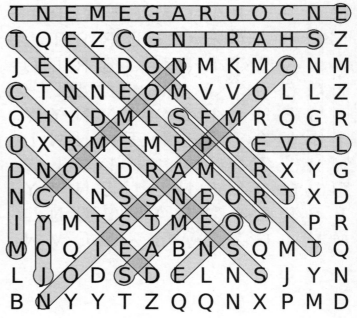

## Philippians 3:20-21

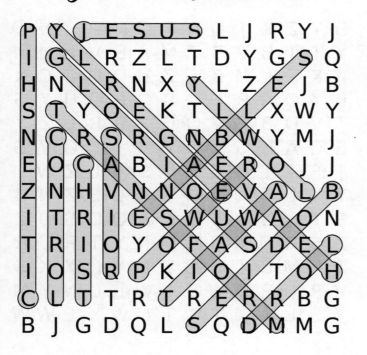

## Colossians 1:13-14

## Colossians 2:6-7

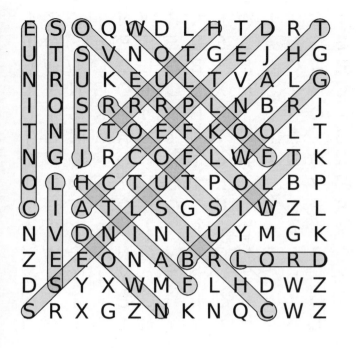

E S O Q W D L H T D R T
U T S V N O T G E J H G
N R U K E U L T V A L G
I O S R R R P L N B R J
T N E J T O E F K O O L T
N G J R C O F L W F T K
O L H C T U T P O L B P
C I A T L S G S I W Z L
N V D N I N I U Y M G K
Z E E O N A B R L O R D
D S Y X W M F L H D W Z
S R X G Z N K N Q C W Z

## Colossians 3:14-15

D B X E T O G E T H E R R M
V H D K C Z M C Z Y Z T Y R
D R E G C A R N A J N M M R
K T B A H M E C B L P N X T
S Z J V R G V P L E L D W M
V D M T I T R M R O U E J T
D R N K S Y S F H F T D D V
N P R I T X E A K R P H T M
T Q M R B C R N Z Z P G E Y
V L U B T M A L O V E Z D O
G L V J O H T B L Y L O N G
E J W N T J M T G M B E T B
Y T Y V P G Y J W P N D Q K

## Colossians 3:16

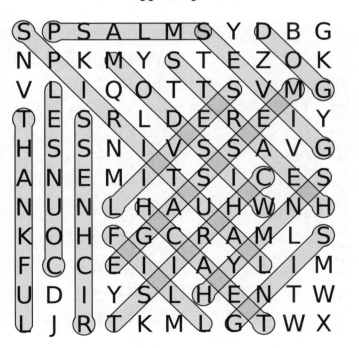

S P S A L M S Y D B G
N P K M Y S T E Z O K
V L I Q O T T S V M G
T E S R L D E R E I Y
H S N I V S S A V G
A N E M I T S I C E S
N U C L H A U H W N H
K O C F G C R A M L S
F C H C E I I A Y L I M
U D I Y S L H E N T W
L J R T K M L G T W X

## 1 Thessalonians 5:8-9

R M N P Z Q S M X R D Z M Z
N D N J Z D U H N Q D Z S B
E T A L P T S A E R B A B E
W A E H D N E P T L L D V B
R J P R T N J S R V M I K P
A L O P D I I L A P E E Z X
T L H O O R A T W C Z R T S
H Y G E H I I F E X E J O G
K M V C D O N R P F N B X Z
J O X P N R R T F W E P X K
L N K B M R Q U V R T R W B
L G Z T R N S K M K Y P J D

## 2 Thessalonians 2:16-17

```
M D Q L X D P D R E E X V
T S I R H C E G V N Q L L
M U B Z G E Q E C S M D G
V S N R D Y R O T D E T J
R E V D T Y U R H V R G Z
M J Z W Q R E S O O R O G
Q L B M A N F L T A P A L
W A M G G Q A W C R V E J
R N E T M Z T E O E A B Z
K R H D J V H D Y R T E V
T E J M O R E R O J D L H
N T Z P W O B L Q G K Q B
L E B X V R G Y M D J B J
```

## 2 Thessalonians 3:5

```
J G J L W B L R W N J D Z L
E C N A R E V E S R E P O P
B D Q Q T T B G L D C W W G
C N I D M X Y D T O G N N L
J O R R Y Z B R N T K G J D
B L N R E T K T Y A W N M J
N Q N F H C I N T Q M Q V D
H V G I I N T S L Y N M Q T
R E N Z U D I Q K O L Z O V
R G A E D R E T J D R K J C
S E B R H O T G N N D W X
W V N C T R I T C Y J T R Y
Y O T Y R S L N Q E K T T N
J L B Z Y L Y Y G T D V R B
```

## 1 Timothy 1:5

```
C R F L L G V N N N R D P
H D Y A M D K D J J J W T
A X E I I K X T R Q B L
R E A C M T R E V O L T
G R W T N A H R B X Z M
E U J E E E R X V Y B V
L P Q H R Y I I R N B G
L Y N L G E S C N J G B
Z L B Y K S C N S O D B
L Z Z Z U M M N O N W R
N J R E W Y X D I R O T
N X S K R Y J L Z S Z C
```

## 1 Timothy 1:14-15

```
A D E R U O P L F P D J T
C Y R C G N T W B U Q J N
C A N O A S O M K T L A L
E M M V L R R W K K B L Y
P V Y E L K G E Q U L B Q
T E O D G B R J N T M V Q
A V M L R F E D S N T D Y
N A N B N S A I D D I D Y
C S D P U N R I W O R S T
E J B S T H N V T M T X Q
V J Z L C L P L P H O D W
J V Y P N D M Y M N T W Y L
```

# 1 Timothy 2:3-6

E F F G N Z N R R H V S V D
L S R D M R I Z U J E J R X
I A E X O G O M W S M O O G
C H D K H O A T A D N K E N
N C R T Z N G E A A N G M L
O R O Y I X L T T I A L Y X
C U M T M P J S S S D X Y T
E P Y Y D T R A S I N E T R
R P Y L R E V E D R R Y M B
B N P U D I M R J L L H M P
K B T N O S U S E J R Z C N
Q H U R J R B L T L X O K B
Q Y M R M Y T J J J G X W L

# 2 Timothy 1:9

G S A V E D E C A R G
N E N E D H D M G B D
I N S M S E O N I T T
H O P O L U I L S T Q
T D V L P N A I Y B L
Y J A G N R R C E B V
N C E I I H U F E L B
A W G S C V O P I B G
Y E O M U R E F Q M N
B M Q L E S E N W V N

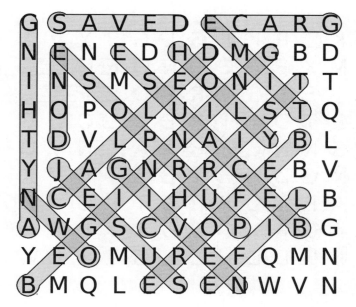

# 2 Timothy 1:10

X Y Y D D P R J N D Q D D G D
J M W G Z E Z D Z P B N K O
N Y T I L A T R O M M I S H W
P N E N L B A B Y K A R O Z
R L E P F Q W K N T V I N J N
B J A S A I V G Y I S Y M W J
H J J I U P L Y O T M A T M M
N T W Q N S P R G N D U E Q M
Z M A N Q W L E M E Z K L R Z
W R W E E L L V A P O T M L L
L R Z Z D W Z B O R N N R J I
N M Z L Y N S W B Y I G O O D
Y A W J T D E M P J J N M L Y
X Y R D D R Y K D N Y Y G W N

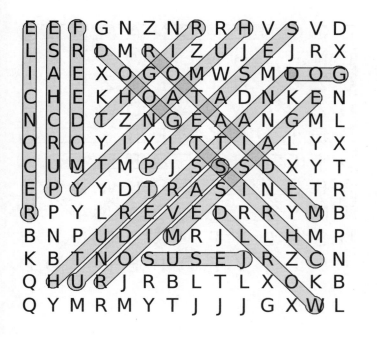

# 2 Timothy 1:13-14

S Y D N I H T I W G O O D
L O L E W O L L O F K M N
L T U O T S U S E J N L P
R Z B N H S D L T T D J R
G U A R D W U L I E Z D M
P A T T E R N R P H T K M
S Y W L Y D I O T S B J R
M D L T R P S I I N W G M
L S R A S I A R R G E Y L
X N E O T F H L O V E D T
T H J J W C M L M R X R L

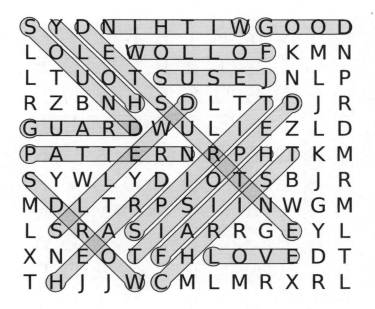

## Hebrews 6:11

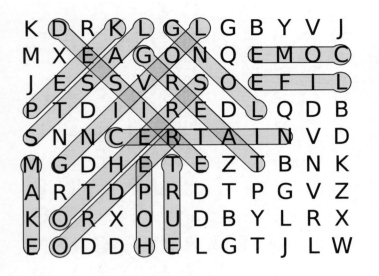

```
K D R K L G L G B Y V J
M X E A G O N Q E M O C
J E S S V R S O E F I L
P T D I I R E D L Q D B
S N N C E R T A I N V D
M G D H E T E Z T B N K
A R T D P R D T P G V Z
K O R X O U D B Y L R X
E O D D H E L G T J L W
```

## Hebrews 7:18-19

```
D G T N E M D N A M M O C
E N K Y H N G V W T V X L
C Z E O N J B E T Z R T R
U D Z P A W L A D W Z R B
D E J A R K P E R F E C T
O J L T N G F O R M E R A
R R R E T T E B H W Z S D
T M S D O G W D A A I Y W
N S N D K P M R D D R N
I D L J Y Z D P E R T D D
```

## Hebrews 7:24-26

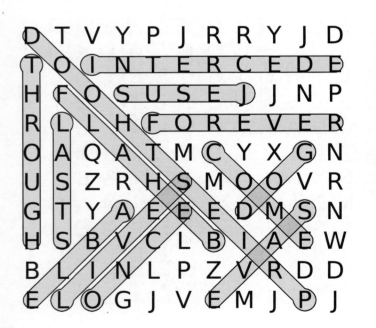

```
D T V Y P J R R Y J D
T O I N T E R C E D E
H F O S U S E J J N P
R L L H F O R E V E R
O A Q A T M C Y X G N
U S Z R H S M O O V R
G T Y A E E E D M S N
H S B V C L B I A E W
B L I N L P Z V R D E
E L O G J V E M J P J
```

## Hebrews 9:24

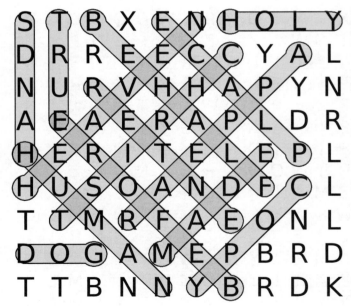

```
S T B X E N H O L Y
D R R E E C C Y A L
N U R V H H A P Y N
A E A E R A P L D R
H E R I T E L E P L
H U S O A N D F C L
T T M R F A E O N L
D O G A M E P B R D
T T B N N Y B R D K
```

## Hebrews 10:23-25

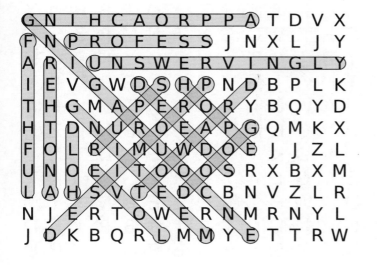

```
G N I H C A O R P P A T D V X
F N P R O F E S S J N X L J Y
A R I U N S W E R V I N G L Y
I E H V G W D S H P N D B P L K
T H T G M A P E R O R Y B Q Y D
H O N D N U R O E A P G Q M K X
F N L R I M U W D O E J J Z L
U A O E I T O O O S R X B X M
L O H S V T E D C B N V Z L R
N J E R T O W E R N M R N Y L
J D K B Q R L M M Y E T T R W
```

## 1 Peter 1:3-6

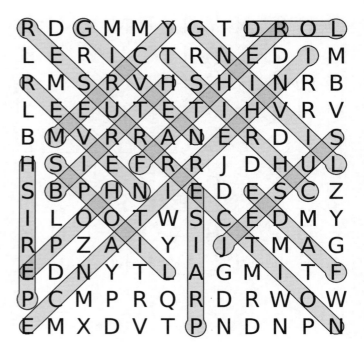

```
R D G M M Y G T D R O L
L E R I C T R N E D I M
R M S R V H S H I N R B
L E E U T E T I H V R V
B M V R R A N E R D I S
H S I E F R R J D H U L
S B P H N I E D E S C Z
I L O O T W S C E D M Y
R P Z A I Y I J T M A G
E D N Y T L A G M I T F
P C M P R Q R D R W O W
E M X D V T P N D N P N
```

## 1 Peter 1:8-9

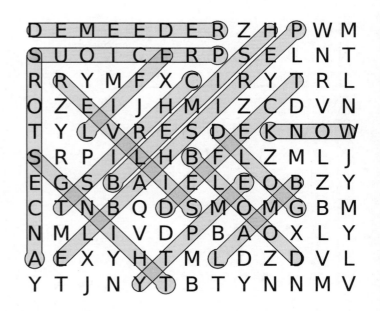

```
O Q W T X V R L Y W J N I Y
M U D R O B Z L Y T T N B Y
E N T N Q B T V Q M E Z R B
T V M C T Q T J L X I O Y S
R D O L O X M A P D L M L Z
N X P L T M K R I G P U D D
K O Q Q N V E J L N O Y E Z
E G I O R S R H Q S I L M Q
V X W T S N T E E Z L N T J
E Z T I A I X E J I Y N G Y
I N B Z A V N B F O Y Q R N
L L Z F B T L K Z Q I N G L
E K R M R J T A M K R C J N
B Y J Q X M L P S D T R E N
```

## 1 Peter 1:18-19

```
D E M E E D E R Z H P W M
S U O I C E R P S E L N T
R R Y M F X C I R Y T R L
O Z E I J H M I Z C D V N
T Y L V R E S D E K N O W
S R P I L H B F L Z M L J
E G S B A I E L E O B Z Y
C T N B Q D S M O M G B M
N M L I V D P B A O X L Y
A E X Y H T M L D Z D V L
Y T J N Y T B T Y N N M V
```

## 1 Peter 1:23

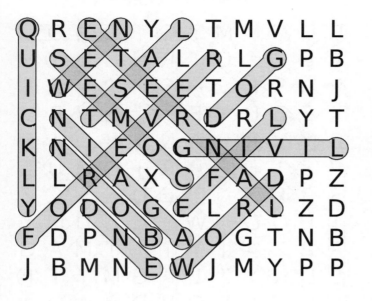

```
Q R E N Y L T M V L L
U S E T A L R L G P B
I W E S E E T O R N J
C N T M V R D R L Y T
K N I E O G N I V I L
L L R A X C F A D P Z
Y O D O G E L R L Z D
F D P N B A O G T N B
J B M N E W J M Y P P
```

## 1 Peter 4:7-8

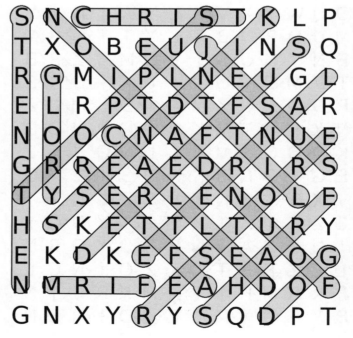

```
X Q N Y L P E E D T B R N Y
S R E V O C N T N M R Z G L
Y B J Y T J N R G Y K E O M
T M A J A V Z J K E G V L Y
N R W B L Y T K D T E Z K A
P V O B U Y Y U M B N L Z E
V O V D K J R T M S G D T N V
E Q G L A I R R T G M O N Z
D J W E T S O B E R N I Y M
Q Z N L N T R T R B P I N D
N T U S Y R E N H M V H D
T M Q I M K H Y W C R G T T
B T R N V T B X R Q A Q T R
J Z N S O T Q P G Q Q E Z M
```

## 1 Peter 5:6-7

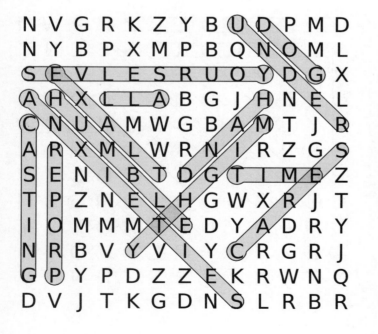

```
N V G R K Z Y B U D P M D
N Y B P X M P B Q N O M L
S E V L E S R U O Y D G X
A H X L L A B G J H N E L
C N U A M W G B A M T J R
A R X M L W R N I R Z G S
S E N I B T D G T I M E Z
T P Z N E L H G W X R J T
I O M M M T E D Y A D R Y
N R B V Y V I Y C R G R J
G P Y P D Z Z S E K R W N Q
D V J T K G D N S L R B R
```

## 1 Peter 5:10

```
S N C H R I S T K L P
T X O B E U J I N S Q
R G M I P L N E U G L
E L R P T D T F S A R
N O O C N A F T N U E
G R R E A E D R I R S
T Y S E R L E N O L E
H S K E T T L T U R Y
E K D K E F S E A O G
N M R I F E A H D O F
G N X Y R Y S Q D P T
```

## 2 Peter 1:3-4

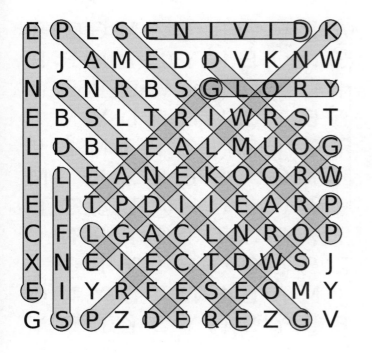

## 2 Peter 3:9

## 1 John 2:1

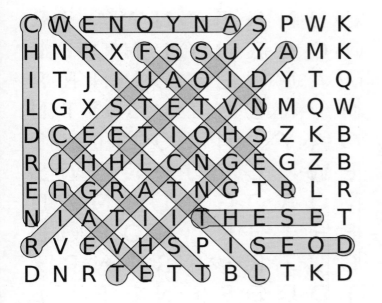

## 1 John 3:1

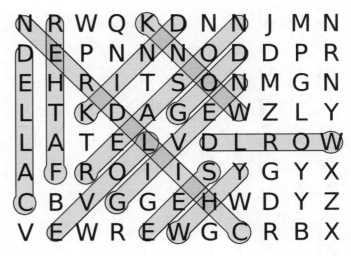

## 1 John 3:16

```
S K N O W T G X B T W M
I N Z D D E R X Z H Z Z
S B L R T F L X A Z M P
T T Y O L I K T Y J Q P
E S S T V L L T X P W G
R Q R I H E D A B L L L
S T K E R G R I Y N I M
P U W O H H U Y A V D N
V V S N Y T C O E L W J
L W R E Q Q O S Z O T K
Q T N J J R X R D M B L
M M M B L B D Z B M J B
```

## 1 John 3:17-18

```
A P N G R T Z M G Z R
S N O E R Y L L N R R
I D Y U E D W O R D N
B T O L D H D V M J
S H J R N C T R M E L
T K O A E E E Z R M
E R W G E C H A B I D E
R T P P O T T S P R L
Z S L O O E I Y P J J
J M R E E D R O Y N G
B B Y S H Y S K N D Y
```

## 1 John 3:23

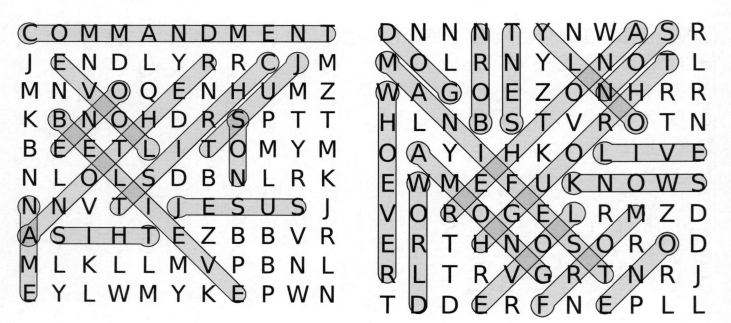

```
C O M M A N D M E N T
J E N D L Y R R C J M
M N V O Q E N H U M Z
K B N O H D R S P T T
B E E T L I T O M Y M
N L O L S D B N L R K
N N V T I J E S U S J
A S I H T E Z B B V R
M L K L L M V P B N L
E Y L W M Y K E P W N
```

## 1 John 4:7-9

```
D N N N T Y N W A S R
M O L R N Y L N O T L
W A G O E Z O N H R R
H L N B S T V R O T N
O A Y I H K O L I V E
W M E F U K N O W S
O R O G E L R M Z D
E R T H N O S O R O D
R T R V G R T N R J
T D D E R F N E P L L
```

## 1 John 4:10-12

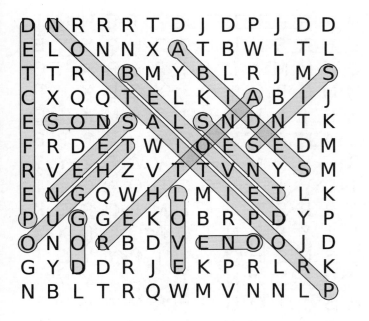

## 1 John 4:13-16a

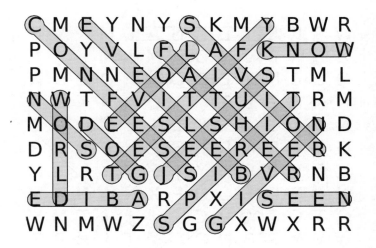

## 1 John 4:16b-17

## 1 John 4:18-19

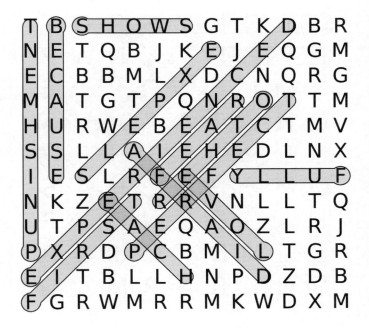

# 1 John 5:13-14

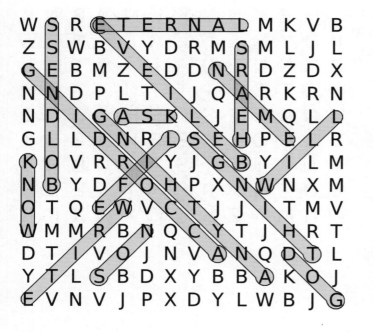

W S R E T E R N A L M K V B
Z S W B V Y D R M S M L J L
G E B M Z E D D N R D Z D X
N N D P L T J Q A R K R N
N D I G A S K L J E M Q L D
G L L D N R L S E H P E L R
K O V R R I Y J G B Y I L M
N B Y D F O H P X N W N X M
O T Q E W V C T J J I T M V
W M M R B N Q C Y T J H R T
D T I V O J N V A N Q D T L
Y T L S B D X B B A K O J
E V N V J P X D Y L W B J G

# Jude 20-21

N M S D N E I R F T C N M J
E F A S M D B D Z H R E Y B
D L M M Y L J J S R B R A N Q
M M G R Q J T I X C D X E L
X R J L V K S I Y R M K I D
L A N R E T E H A V Z F P B
R O B M N J O V V W E Z Y T
J D V J T L Q G D Q A G I T
Z R R E Y J K L M F O R D K
L J Y P R N T Q A Q I R X
B S N Z E O Y I J P Y Y O T
R U N N W N T S A T Y M L
M S I J O H Q H R M W B W T
L E R L P W J P E V Z L B
K J N V D N L D V R M R V K

# Revelation 1:5b-6

G L O R Y S R D T
E V E R L E N W P
Y M L F W O P I E
D N O O A R V V S
O E P D I T R E M
O M E E G E H A S
L A S R S N D E P
B T M D F E I O R
S N L R N R M K G

# Revelation 3:12

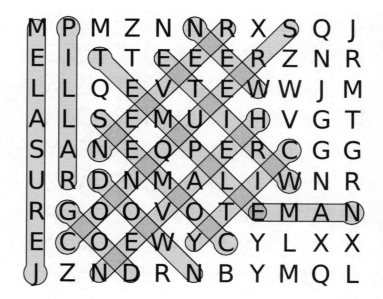

M P M Z N N R X S Q J
E I T T E E E R Z N R
L L Q E V T E W W J M
A S E M U I H V G T
S A N E O P E R C G G
U R D N M A L I W N R
R G O O V O T E M A N
E C O E W Y C Y L X X
J Z N D R N B Y M Q L

## Revelation 3:19-20

## Revelation 17:14

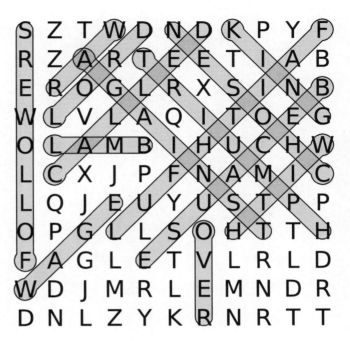

# ALSO AVAILABLE